発達障害とことばの相談

子どもの育ちを支える言語聴覚士のアプローチ

中川信子

Nakagawa Nobuko

小学館
101
新書

発達障害とことばの相談 ◉ 目次

序章　コミュニケーションを願うすべての人へ

第一章

すこやかな育ちを応援する

第二章　ことばの育ちを支えるということ

第三章　特別支援教育と発達障害の子どもたち

序章

コミュニケーションを願うすべての人へ

言語聴覚士（ST）はリハビリテーション3職種のひとつです

私は言語聴覚士です。たいていの方は言語聴覚士に会ったこともなく、そもそも「言語聴覚士」ということばもご存じないかもしれません。言語聴覚士は、何らかの障害や病気によって、ことばやコミュニケーションに問題をかかえ、リハビリテーションや療育の場を訪れない限り、会うことのない職種ですし、人数もまだ少ないからです。

言語聴覚士（Speech-Language-Hearing Therapist　スピーチ－ランゲージ－ヒアリング・セラピスト）は話しことば（speech）と言語（language）、そして聞こえ（hearing）に障害がある人たちを援助する専門職です。平成9年（1997）に厚生労働省管轄の医療関係職種として国家資格が成立しました。

言語聴覚士は通称STと呼ばれますが、これはSpeech（スピーチ）とTherapist（セラピスト）の頭文字をとった呼び方です。平成20年12月現在の言語聴覚士資格登録者数は1万4329名です。養成校は平成21年5月現在61校あり、毎年1000名を超える有資格者が誕生しています（以下、STと表記するのは言語聴覚士のことです）。

STは脳血管障害による失語症などを対象とするリハビリテーション医療の分野で働

くことが最も一般的で、PT（理学療法士）、OT（作業療法士）とともに「リハビリテーションの3職種」といわれたりもします。

コミュニケーションはこころの命綱

「STってどんなお仕事なんですか？」と聞かれるのがいちばんの苦手です。なるべく正確に伝えたいと思うのですが、手短に伝えることがとても難しいのです。STの仕事は、守備範囲が広く、奥行きもとても深いからです。

『潜水服は蝶の夢を見る』（*Le scaphandre et le papillon*）という映画があります。フランスのファッション雑誌『ＥＬＬＥ《エル》』の元編集長、ジャン・ドミニック・ボービーによる自伝（邦訳『潜水服は蝶の夢を見る』河野万里子訳）が原作です。彼は脳梗塞《のうこうそく》によって体が完全にマヒ、唯一動くのは左目のまぶただけになってしまいました。この自伝は、ジャンが左目のまばたきでアルファベット1文字ずつを伝えるという方法で書き上げたものです。ジャンの中の残された能力を見いだし、20万回のまばたきを読み取り、支えたのが、彼を担当したSTでした。

彼、ジャン・ドミニック・ボービーのような状態を閉じ込め症候群（locked-in syndrome ロックド・イン・シンドローム）といいます。潜水服のように重く、意のままに動けない肉体の中に閉じ込められたこころとことば。たとえ、手も足も動かせず、見た目には、何も分かっていないように見える人であっても、読み取ってくれる人、手助けしてくれる人がいれば、その精神は蝶のように軽やかに飛翔できるのかもしれないのです。たとえまばたきする能力しか残されていなくても、コミュニケーションを願う人たちのコミュニケーションを支えたい、それがSTの心意気です。

コミュニケーションは社会とつながる窓であり、こころの命綱です。人との交流は、食べ物が体の栄養になり、生命維持に役立つのと同じくらい大切です。

他の哺乳類の赤ちゃんと比べて、決定的に無力な状態で生まれるヒトの赤ちゃんは、周囲からのお世話やはたらきかけなしには生き延びられません。ヒトは生まれながらにして、社会的な存在なのです。

まわりと「つながっている」実感、支えられている感覚、そして支え合っている自覚こそが、人を力づけ、元気にさせるのだと私は思っています。

で読みました。

「絆《きずな》」は、両側から糸を半分ずつ差し出し、互いに結び合うところに成立する、と何か

で読みました。

コミュニケーションも同じく、人が互いにこころを差し出して出会う場所にほかなりません。コミュニケーションは常に50対50の、対等な関係の上に成り立ちます。

赤ちゃんとお母さん、恋人同士、音楽家同士の「あうん」の呼吸、などのように、目を合わせるだけ、ちょっとしたしぐさだけで伝わる、ことばを必要としないコミュニケーションの形もありますが、人は多くの場合、「ことば」を仲立ちとして互いを分かり合おうとします。

私たちSTは、「ことば」や「コミュニケーション」に障害のある人たちとの出会いを通して、人と人が分かり合うとはどういうことか？　また、支え合うとはどういうことか？　を、つきつめて考えることができるのだと思います。本当にやりがいのある、どこまで行ってもゴールのない、興味深い仕事です。

STが対象とする障害や、対象とする分野

私たちはことばによってお互いの気持ちや考えを伝え、生活を営んでいます。STのつとめは、話しことば（speech）と言語（language）、そして聞こえ（hearing）に障害を持つ人たちを援助することです。speechもlanguageもhearingも、そのすべてがことばによるコミュニケーションを保つために必要です。

STは病気や交通事故、発達上の問題などでことばによるコミュニケーションがうまく保てない人たちに専門的サービスを提供します。障害があっても、病気があっても、自分らしく生き生き生活できるように援助します。発声発語機能と深い関係のある摂食・嚥下《えんげ》（食べること・かむこと、飲み込むこと）の問題にも対応します。

ことばやコミュニケーションの問題には、多くの種類があります。脳卒中や事故による失語症、聴覚障害、ことばの発達の遅れ、声や発音の障害、進行性の神経の病気による言語障害、口蓋裂《こうがいれつ》、吃音《きつおん》などです。

対象は、幼児、小児、学童から高齢者まで、幅広い年齢にわたります。

STはこのような方たちに対して、改善の方法を見いだすために、検査や評価をした

り、指導・訓練の計画を立て、実行します。本人に対する指導だけではなく、ご家族へのアドバイスも仕事の中の大切な部分を占めます。

ことばやコミュニケーションは、人と人との関係の中で成り立つことなので、訓練室の中で、STひとりが奮闘しても、改善できることには限界があります。また、ことばはからだ全体の状態とも深い関係があります。

このようなことから、STは医師・歯科医師・看護師・理学療法士・作業療法士などの医療専門職や、ケースワーカー・介護福祉士・介護支援専門員などの保健・福祉専門職、保育士、幼稚園の先生、学校の先生、心理専門職などと協力し、チームの一員としてことばやコミュニケーションの改善をめざします。これも職種としての大きな特徴です。

当然、家族の方たちは、STが協働するいちばん大切なパートナーです。

ことばを失うということ、ことばが不自由ということ

STが最も多く出合う障害は失語症です。俗に脳卒中といわれる脳血管障害（血管が詰まったり、破れたりする）によって、左側の脳の言語をつかさどる部位がうまく機能しなくなることで起こります。つい昨日まで元気に歩き、自由自在に話していた人にも突然降りかかる障害です。精神活動はまったく正常なのにことばだけが出てこなかったり、まわりで話されていることばが突然、聞いたこともない外国語のように理解できなくなったり。倒れるまでぴんぴん元気だったおじいちゃんが、しゃべれなくなったり、こちらの言うことをぽかーんとして聞いているだけになるので、家族のみんなは、おじいちゃんは、もう何も分からなくなってしまったのだと思い込み、子ども扱いします。精神活動には変化のない本人にとっては、とてもプライドを傷つけられる対応です。

思いを伝えられない、ということは、想像以上につらい経験です。

たとえば温かい緑茶が飲みたくなったとします。でもそう言えないので、ジェスチャーで飲む動作をしました。「分かった！　待っててね！」と家族が買ってきてくれたのは冷えた紅茶のペットボトル。温かい緑茶が飲みたかったのにな……。でも、家族が忙しい中わざわざ買ってきてくれたのだから、文句は言えない。言いたいことが通じない、というあきらめがつもりつもると、人はだんだん無気力にすらなってしまいます。

ご自分が失語症になった経験をふまえて、STになった方もあります。山梨県に住む平澤哲哉さんです。『失語症者、言語聴覚士になる』という本の著者です。見た目はもう不自由はないように見えますが、ご自分ではまだまだ苦闘のさなかだとおっしゃいます。

失語症以外にも、「ことば」について深く考えるきっかけになりうる障害が吃音《きつおん》です。言いたいことはたくさんあるのに、スムーズに言えない。電車の駅に自動改札が行き渡る前、窓口で切符を買っていた時代、本当は立川駅まで行きたいのだけど、「た」の音が言いにくくて「た、た、た、た」とつっかえたり、言えなかったりする。手間取ると自分の後ろに何人も並んでしまうので、しょうがなく言えそうな音「は」で始まる、より遠い八王子駅まで買っていた、という話を聞いたことがあります。

また、食堂で、毎日毎日生姜焼きを注文していた人もいます。つかえずに言えそうなことばだからです。たまには天津丼を食べたいと思っても最初の「て」が言えそうにない。だからあきらめて「生姜焼き！」。「生姜焼きがお好きなんですね」とお店の人に言われる。「好きなわけじゃなくて、それしか言えないから食べているんだ」と言いたいけれど、そんな長い文章は言えそうもないから、ニヤッと笑ってすませていた、と。

外国語の環境の中にいて、自分から話せるのは、ごく限られた単語だけ、という状態を想像すればちょっと近いかもしれません。

言いたいことを言える、話せる。それは、ことばやコミュニケーションに障害がある人や、私たちSTから見ると、奇跡的なほど幸運なことなのです。

障害を持つことは決して不幸なことではない

だからといって、失語症や吃音といったことばの障害や不自由な日々は決してマイナスのことばかりをもたらすのではありません。

失語症の患者会である「失語症友の会」、吃音者のセルフヘルプグループ「全国言友会連絡協議会」「日本吃音臨床研究会」などの活動を見ると、障害をきっかけとして生まれる絆が、障害や不自由を抱えつつ生きてゆく上での大きな支えになることが分かります。

病院での訓練期間が終了し、地域や家庭での生活に戻った失語症患者と家族の方たちが集う「失語症友の会」という組織があります。もともと、STの有志が始めたものなのですが、定期的に会をもうけて集まります。「1か月後には、また会える」と先への希望を持つだけで、発症後5年も10年もたっていて病院では「もうこれ以上よくなりません」と言い渡されて退院した人たちも、回復を見せることがあります。人とのふれあい、生活のはりあい、意欲が、能力をも向上させるのです。

私のST養成校の同級生の遠藤尚志さん（言語聴覚士、東京・久我山《くがやま》ことばの教室主宰、『ことばの海へ』の著者）は言います。「言語聴覚士が目指すものは、健康度・満足度・自立度の向上です」と。

【健康度の向上】とは、「お元気ですか？」とお互いに声をかけ合うことを通して、失語症という障害を基盤とした健康になるための人間関係（組織）が、できあがっていくこと。【満足度の向上】は、患者さんや家族の方たちに喜ばれるということ。グループワークに集った人が何回笑ったか、家庭訪問では、本人と家族の方が何回笑ったかがバロメーター。「今度いつやるんですか」「今度いつ訪問に来てくださるんですか」と言われるようなら間違いない、と。そして、失語症の回復では、【自立度の向上】がいちばん大切。「どういうことばが言えるようになるか」で計るのではなく、むしろ「どういうことが分かるようになるのか」「どういうことを考えるようになったのか」が、回復の実質的な内容であり、自分の力で考え、判断できることが増え、それが表現意欲につながることがいちばん大事なことである、と。

ことばは情報を伝えるためだけに存在するのではありませんが、病院にいると、お医者さんも看護師さんもいつも忙しく、「退院はいつごろです」など、必要な情報だけを伝える、という対応にならざるをえません。患者さんも家族も不安と不満でいっぱいになります。

コミュニケーション上の不全感を持つ人たちが「『こういうことですか?』と聞いてもらった」とか「病気になって初めて、よく聞こうとしてくれる人に会った」と言われる職種があって、それがSTだとしたらとてもうれしいことです。

いろいろな場で、ことばで十分に表現してくれない、あるいはできない人と相対するとき、私はこんなふうな気持ちでいます。

「私はここにいます。あなたの言いたいことを分かりたいと思っています。あなたにはこの世界はどういうふうに見えていますか？　何を伝えたいと思っていますか？　私はあなたからの発信を読み取ろうとしているけど、それは当たっていますか？　これでいいですか？」と。

障害があることでの不自由や不便はたくさんある。が、決して不幸なことではない。私は、成人であれ子どもであれ、ことばやコミュニケーションにかかわる障害がある人たちに、そう思ってもらいたいと願います。

健康でよい人間関係が作られてくれば、考えたり、表現したりする意欲は向上し、回復も発達もいつまでも続くのです。「健康でよい人間関係」を結ぶために、私たちのようなＳＴという職種が介在することの意味があるのだと思います。

子どもを対象とするＳＴは不足している

日本言語聴覚士協会の平成16年の調査によれば、医療機関勤務のＳＴが会員の70％でした。高齢者の介護施設等への勤務は５％ですが、摂食嚥下障害（食べること、かむこと、飲み込むことがうまくできない状態）がＳＴ業務の中に組み入れられたことから、

STの配置が拡大しています。

福祉分野で働くSTは11％、特殊教育などの分野は3％程度でした。

また、成人を対象とするSTが65％、小児対象は38％（重複あり）でした。

医療の場では医療保険、介護の場では介護保険からお金が出るようになったおかげでSTの配置が進んできました。けれども、乳幼児期、学童期をカバーする保健や福祉、教育の場では、配置の後押しとなるような法律的および経済的な裏づけが行われていないため、必要性がありながらなかなか配置が進みません。

すでにSTが配置されている地域では、保護者の方たちから、もっともっとSTを増やしてほしいという要望が出され、少しずつ増えてゆく実態もありますが、現実問題として、STという職種に会ったこともない人のほうが多いため、増えてゆく手がかりすらつかめないのが現状です。

幼児期から分かりやすいコミュニケーションを成立させ、こころが通じ合った、分かってもらえた、という経験をたくさん積むことが、安定した気持ちの大人に成長するために不可欠の条件です。

お子さんの成長にとって、とても大切なコミュニケーションですが、特に最近話題になることの多い「発達障害」といわれる脳の特性を持つお子さんたちにとって、コミュニケーションの確保、安心できる環境作りは、決定的に大切なことだと分かってきました。STはその点において大いにお手伝いできる職種であるにもかかわらず活躍の場が与えられないことが、私は残念でたまりません。

子どものSTはどこにいる？

STのいる福祉関連機関は、各自治体にある障害のある子どものための収容施設や療育通園施設、「○○福祉センター」「△△療育センター」のような相談機関等です。保健分野にいるSTは、1歳6か月健診、3歳児健診などの「乳幼児健康診査」に際して「ことばが遅い」とか「発音がはっきりしない」などの心配のあるお子さんの相談に乗ります。発達初期に相談して不安を解消できれば、その後の親子さんの人生はきっと順調なものになると思うのです。

「ことばが遅い」ことが、発達障害やそのほかの障害に由来するものである場合にも、

STが参加することには意味があります。医療機関では、えてして診断名を告げられるだけで、その後の毎日の生活をどうしたらよいのか何のアドバイスもなく、「絶望のどん底」（保護者の方たちが口々におっしゃることですが）に沈むほかありません。一方、その時期に「支援する」ことをモットーとするSTがお会いできれば、お子さんの行動の意味を解説してお子さんへの理解を進め、また、具体的にどうかかわったらいいかのアドバイスもできるので、親子さんの人生が助けられることも多いと思います。

乳幼児健康診査などの保健分野についても、STはごくごく限られた市町村にしか配置されていません。法律的・経済的裏づけがないことが大きな要因なのですが、これもとても残念なことです。

対象がだれであれ、STに共通する立場

STの対象は成人と小児に大きく分けられます。

対象が成人であるか小児であるかでSTの考え方やかかわりに若干の違いはありますが、基本的な立場は変わりません。私たちSTは「リハビリテーション」という視点を持って、対象となる方たちとお会いするからです。

リハビリテーションといわれて多くの人が思い浮かべるのは、歩行訓練とかひざの曲げ伸ばし訓練とかの機能回復訓練のことだと思います。けれども、本来のリハビリテーションは「re（リ＝ふたたび）」と「habilis（ハビリス＝ふさわしいものにする）」の合わさったことばで、単なる機能回復ではなく、「人間らしく生きる権利の回復」や「自分らしく生きること」が含まれています。障害があっても、うまく働かないところがあっても、そういう限界の中で、自分らしく生きることを助ける、そのために行われるすべての活動がリハビリテーションなのです。

「失われた機能を嘆くのではなく、残された機能を上手に使いましょう」「できないのなら、どうしたらできるのか、一緒に考えていきましょう」というのが、私たちSTを含むリハビリテーションスタッフの基本的な立場です。

療育や相談の場での「言語訓練」

基本的な知識や立場は共通と書きましたが、療育や相談の場では「言語訓練」のあり方も医療機関とは少しちがっています。

いわゆる机上での訓練・指導ばかりではなく、療育のクラスに参加して保育士さんたちと一緒に指導にあたるとか、遊びの中でことばやコミュニケーションを伸ばすようなかかわり方の工夫を保護者に伝えたりもします。

また、幼稚園や保育園や学校などを訪問して、お子さんの保育や教育にあたる先生方へのアドバイスを行うなど、実にいろいろな働き方があります。

また、あまり知られていないことですが、全国の学校に設置されている通級制の「ことばの教室」「きこえの教室」「通級指導教室」の教員も、STと同様の仕事をしています。通級とは、通常学級に籍を置き、週の何時間かを「ことばの教室」に通って専門的・個別的指導を受けるという制度。文部科学省で進められている「特別支援教育」の中でも、大きな期待が寄せられている存在です。

「ことばの教室」の対象は主として学童ですが、就学前の幼児を受け入れる「幼児ことばの教室」が併設されていることもあります。また、市町村が独自に幼児対象の「幼児ことばの教室」を設置している場合もあります。〝障害〟のイメージを薄めて通いやすくするために「ことばの教室」を幼稚園や保育園に併設している自治体もあり、そのスタイルはさまざまです。

ＳＴであれ「ことばの教室」の先生であれ、ことばの専門家による定期的な相談・指導を受けるようになった親ごさんの多くは「ほっとした」「この子なりの成長を見守っていきたい」とおっしゃるようになり、望ましい親子関係が作られてゆくことが多いのです。

子どものことばのことを気軽に相談できる場は圧倒的に足りない

一般の育児雑誌では、「ことばの発達をうながすかかわり方」といったテーマの特集がたびたび行われます。また、ことばが遅いのではないかと心配している1～3歳児の親ごさんは世の中に少なくありません。そんな親ごさんから「気軽に相談できる先はないでしょうか」という質問をよく受けます。「〇〇療育センターにはＳＴがいますけど……」と答えながらも、そういう場所は、親ごさんは、なかなか行きづらいだろうな、と申し訳なく思います。

発達のようすには個人差が大きく、ましてや1～3歳くらいの発達初期の個人差は非常に大きいものです。このころの「ことばの遅さ」は非常に微妙で、経験のある人が見れば障害の要素があるとはっきり見極められることもあれば、ベテランの専門家が見ても、しばらく経過を見ないとよく分からないことも多いのです。実際、「3歳まで話さなかった」という逸話を持つ大人も結構います。

そんな中、前述したように、各地で乳幼児健診事業にかかわるSTも少しずつ出てきてはいますが、まだまだ一部の地域に限定されています。発達の早期から気軽な相談を受けてくれる「ことばとコミュニケーションの専門家」があっちにもこっちにもいてほしいと心から願っています。

保護者の窮状を見るに見かねて、あるいは定年退職後に各地で個人開業するSTもちらほら出ています。もちろん、個人開業の場合は有料になるので、どなたでも利用できるというわけにはゆかないのが苦しいところです。

そんなふうな子どものSTの現状があるので、平成14年に私と何人かの仲間で「子どもの発達支援を考えるSTの会」を立ち上げました。

子どもの発達支援を考えるＳＴの会　http://www.kodomost.com/

会員資格は一部の例外を除いてＳＴのみ。メール上での情報交換を中心的な活動におき、子どものすこやかな発達を支援し、不安の多い時期の親を支えるために必要な知識や経験を広げることを願って活動を続けてきました。健診にかかわるＳＴとして必要な視点や資質を育てるため、ＳＴ内部での講習会やセミナーなどもいずれ計画していきたいと考えていますが、まだ、実行には移せていません。

ＳＴ限定ではなく、情報をオープンに流してほしいとの要望が寄せられたので、私の個人的なホームページ「そらとも広場」を平成20年の秋に開設しました。ささやかにではありますが、ＳＴ関連の情報や、子どもの発達にかかわる情報を必要な方にお届けできたら、と願ってのことです。

そらとも広場　http://www.soratomo.jp

第一章

すこやかな育ちを応援する

バスの中のぺちゃくちゃ坊や

くねくね　ぴょんぴょん　ぺちゃくちゃ

バスに、いやににぎやかな男の子が乗ってきました。5歳くらいでしょうか。ぺちゃくちゃしゃべりながら車内前方に立っています。甲高い声です。

車内がだんだん混んできたので、お母さんが後ろのほうに移動をうながすと、なぜ後ろのほうに行くのかとか、後ろのほうだとつかまる場所がないとか、またひとしきりしゃべりながら私が座っている席のそばまでやって来ました。

見ると体をくねくねさせています。お母さんに言われて近くの棒につかまったはいいけれど、右手で持っていたかと思ったら、左手に持ち替え、今度は右にと絶えず特ち替えつつ、体をゆらゆらさせています。

棒を放すと、今度はお母さんの洋服にぶら下がるようにしたり、かと思うと、足を交差させて爪先立ちになったり、ぴょんぴょんしたり、何とも落ち着きのないことです。

バスの中の空気がしだいに「うるさいね。しつけの悪い子だ。母親は何をやっとるんだ?」と変化してきたように感じられました。

2歳、3歳の子が落ち着かないのは、発達上当然のことですが、5歳、6歳にもなってこれほど落ち着きがないとしたら、発達障害の可能性のある、育てにくいお子さんかもしれません。職業上のカンがはたらき始めます。

それにしても乗客のとげとげしいまなざし。お母さんは大変だろうなとお母さんのほうに目を移しました。お母さんは、こんな子どものようすにも、イラついているようすはなく、かといってあきらめて放ってあるという感じでもありません。

坊やが次々に繰り出す質問にはていねいに答え、絶えず持ち替えるつかまり棒については「こっちの手でつかまってなさいね」と具体的に指示します。

坊やが「なぜ?」とたずねると「からだの向きが（バスの進行方向と）逆になると、転びやすいからよ」と、坊や自身のことに引き寄せて理由を説明してあげています。

くねくねしたり、お母さんの洋服にぶら下がるように重さをかけていることについては、注意したり、「やめなさい!」と叱ったりはしていません。

その代わり、ちょっと抱き上げるようにしてまっすぐ立たせたり、肩を抱くようにして、さりげなくじっとしていられるようにサポートしています。

実に適切なかかわり方なので、専門機関で何らかの説明や指導を受けているのだろうと推測しました。

お母さんがいわゆる体育会系で、子どもの落ち着きのなさが気になるどころか、子どもたるもの、このぐらい活発で知りたがり屋でなくちゃ！　と思えるならそれでOK。親子とも、困りごとなく暮らしていけるでしょう。

でも、もともとおとなしいタイプの母親が、このようににぎやかで落ち着きのない子を持ち、自分自身が途方にくれているところにもってきて、実家からもお姑さんからも「しつけが悪い」「甘やかすからだ」などと責められ、その上、世間の冷たいまなざしを浴びれば孤立無援になり、子どもを叱り、自分を責めることが多くなるのもあたりまえです。親子ともに二次的心理的障害を負わないですむよう、早い時期から親子双方へのサポートが必要です。サポートのひとつとして、どうしてこの坊やは、こういう行動をとるのか？　ということへの説明が有効です。

前庭覚・固有受容覚と感覚統合――くねくね、ゆらゆらのわけ

こういう行動は「中枢神経系の何らかの障害」に由来する生理的状態であり、根性やしつけの問題ではないと思われます。

『感覚統合Q&A』（佐藤剛監修）には

Q：なぜその場でクルクル回ったりジャンプを繰り返すのでしょう？
Q：爪先立ち、爪先歩きが目立ちますが矯正しなくていいですか？
Q：からだがフニャフニャした感じで親のほうがイライラします。

などのよくある質問に対して、ていねいな説明が加えられています。

人間は自分のからだの向きや姿勢、そして動きを、耳の中の三半規管と耳石器によって受け取り、脳に送り込んでいます。回転する感じや揺れ、加速度などです。
また、人間は、地球の重力に抗《あらが》って自分の姿勢を保つために筋肉や関節を総動員しているのですが、その際、筋肉や関節にある感覚受容器は、筋肉がどのように伸び縮みし

ているか、関節がいつどのように曲がったり伸びたりしているかを感知し、この情報をリアルタイムで脳に送り込みます。

これらは、前庭覚、固有受容覚と呼ばれ、胎児期から新生児期にかけて準備されてきます。地球上に安定して存在するための最も大切な感覚です。

ところが、何らかの不具合があって、これらの情報がうまく脳に伝わらないと、やむをえず、自分で刺激を送り込む（自己刺激）ことによって埋め合わせようとします。

定型発達の子なら、ただ立っているだけで十分なだけの刺激量が得られるのですが、ぺちゃくちゃ坊やの場合は、じっと立っているだけでは脳に入ってくる刺激量が足りないため、爪先立ちになったり、ぴょんぴょんしたりすることで、刺激を補っていたのだと考えられます。つかまり棒を絶えず持ち替えて、体を半分ずつ回転させたり、ゆらゆらせずにいられないのも同じような理由からでしょう。

爪先立ちする理由には、

①バランスをとる遊びとして楽しんでやっている。

②爪先立ちをすると、全身の筋肉がピンとして、脳に流れ込む情報量がふえ、覚醒レベル

を上げることができる。
③感じにくい感覚を強めるための自己刺激としてやっている。

の３つが考えられます。

ぺちゃくちゃ坊やは、たえず姿勢を変える（くねくねする）ことで筋肉の負担をごまかし、お母さんにぶら下がって、自分の重さを保つ大変さから逃れようとしたりしていたのだと思われます。

手を持ち替えて、ゆらゆら回転していた坊やに、お母さんが「転ぶといけないから」と説明すると、その後はしばらくの間、同じほうの手で棒につかまっていられました。理屈で納得できれば、からだからの入力の弱さを頭がカバーし、がんばることもできるのです。

「しょうのない子だ！」「ちゃんとしてなさい！」という抽象的な叱責ではなく、きわめて具体的に相手の底まで届くような説明をすることが大事です。

「まったくもう！」と言いたくなる、手のかかる子に当たってイライラしている親ごさんや先生方には、ぜひとも感覚統合の知識を持っていただきたいものです。

「痛め塩後って」

電車に乗ってまわりをきょろきょろ見まわしていたら、「痛め塩後って」「あたし日は区してるんだ」と書いた吊り広告発見。え？　意味不明。どうしても気になるので、席を立ち、その広告の真下まで行き、つくづくと観察。「イタ飯、おごって」「あたし、美白してるんだ」の文字遊びでした。一件落着したものの、障害のある人たちの外界の見え方，聞こえ方は、こんな具合なのかもしれないな、と考えてしまいました。

そんなことを考えつつ、別の日、新幹線に乗りました。自由席車両は、ほとんど満員。たまたま、窓側の席に空いているところがありました。通路側の席には背広の上着が置いてありましたがだれもいません。とりあえず窓側の席に座ってしばらくすると、サラリーマンふうの男性が戻ってきました。

「すみません、よかったんでしょうか？」とたずねると「え、はい」とのお返事。安心して座り直し、そして思いました。もしこの人が自閉症スペクトラムとかそれに類する困難を持っている人だったら、こんな短い会話ではすまないだろうな、と。

私の発言の内容は、正確にはこういうことです。

「私はあなたに話しかけています。私がこの車両に乗り込んできたときに、この座席が空いていました。通路側の席には上着が置いてありました。もしかしたら、窓側の座席に先客がいて、その人が上着を通路側の座席に置いておられたのかな、とは思ったのですが、とりあえず私が窓側に座ってしまいました。窓側のこの席は空いていますか？私が座ってもかまいませんか？」

文脈の中での理解

私たちは、人との会話を文脈の中で理解します。文脈とは、その場の状況や流れ、雰囲気全体の中で、ということで、これは驚くべき能力です。でも、みんながみんな、そうできるわけではありません。

話しかけてもきょとーんとしていて、ちっとも分かっているふうではない子がいます。「話されていることがよく分からない」原因としては、実際に理解できる語彙《ごい》の数が少なかったり、文法的なことがよく分かっていないために理解できないことが考えられます。

また、文脈の中での理解が難しいために、ことばの意味の取りちがえをし、結果的にちんぷんかんぷん、とんちんかんになっている場合もあります。会話の中の、たくさんの音の羅列を分節し、適切な意味を選び取ることは、文脈が理解できない人には、とてつもなく難しい作業になります。

定型発達の会社員は、蕎麦屋で昼食を食べ終わった先輩が「じゃ、行こうか」と言えば、会社に戻るんだな、と分かります。「え？　どこに行くの？」とか「ジャイって何のことですか？　何に効くんですか？」と聞く人はまず、いないでしょう。こういう場面で話されるであろう単語の範囲を、あらかじめ限定して聞くからです。

「ジャイって何ですか？」って聞く人がいたら、ちょっとアヤシイ。彼は文脈の手がかりを使うことができず、先輩の「じゃ、行こうか」を「ジャイ効果」と聞いたのです。

文脈の手がかりを使えず、検索する単語の範囲を限定することができないと、会話中の音から、あらゆるジャンルのことばが勝手に、ごちゃ混ぜに、参照されてしまいます。台所や居間や風呂場の、それぞれの引き出しにしまわれているはずの家庭用品が、ぜーんぶひと部屋の床の上にぶちまけられている中で、目隠しして物を拾う感じ、とでも言いましょうか。

新聞紙を束ねるときには居間の引き出しからひもを出すべきですが、手の中にはカレールウが拾われていた。ハエを退治しようと思ったのに、手に取ったのは消しゴムだった。まあ、そんな具合。

頭の中は?マークだらけ。こころはぐるぐる混乱状態。でも、会話はどんどん進んで行きます。もう、いや! 知ーらないっと。耳にフタ! を決め込みたくなります(「知ーらないっと」と書くつもりだったのに、このパソコンくんは「シーら名一途」って変換してくれました)。

相手がそんなふうに、想像もつかない事情で困っているかもしれないと想像できれば、分かりやすく話そう、という気分にもなりやすいでしょう?

分かりやすく話す。伝わるように伝える

だらだらだらーっと早口で話すと、相手にはこんなふうに聞こえてしまうかも。

「こ野毛んこうは機能農地煮で着あがって板はず弟子竹ど、」え? 野毛? 農地?

板？　竹？「あ時差い餓鬼れいダッタン出ついあそ微に入って島っ手遅れたんです」時差？　餓鬼？　どこの島？　手遅れ？　何のこと？（答はあとに）

単語と単語の間を、はっきり区切るように話すと、分かりやすさは倍増します。「この、げんこう、原稿、ね」「あじさい。お花の、あじさい」。

自閉症スペクトラムなどの発達特性のある人たちをさして、会話がかみ合わない、とか、的外れでとんちんかんなことばかり言う、と責める前に、自分はちゃんと相手に伝わるように話したかな？　と、わが身を振り返ってみるといいと思います。

今はたまたま自分のほうが「多数派」に属し、相手のほうが「とんちんかん」なのかもしれませんが、この先いつ立場が逆転しないとも限りません。自閉症スペクトラムや発達障害も自分たちと地続きのところにありますが、脳血管障害による失語症だって明日はわが身、かもしれない障害ですから。

答「この原稿は、昨日のうちに出来上がっていたはずでしたけど、あじさいがきれいだったんで、つい、遊びに行ってしまって、遅れたんです」

親子の成長を見守る

私の息子はふたりとも未熟児でした。

長男は、8か月末で1800g、次男は9か月半ばで2050gの出生でした。

もう30年以上も昔の話。今や、ふたりとも身長170cm、体重60kg台に育ちました。

小さく生まれて大きく育った?

今でこそ、軽く話せますが、その当座はとてもとても。保育器に入っている小さなわが子に比べて、大きな赤ちゃんがうらやましく、赤ちゃんと一緒に退院していく産婦さんがうらやましく、でも「うらやましい」なんて口が裂けても言えませんでした。言いませんでした。

その後も健診とか病院にかかるたびに、「未熟児だったんですね」とか「早く生まれたんですね」と何回言われたことでしょう。そのたびに、何とも言えない「ぐさっ!」っていう感じを味わいました。

でも、そういういろんな思いを超えてきたことが、今日の私を作ってくれている、と思っています。

長男が生まれたのは個人病院。先生は「最低限の酸素と温度だけは保ちますが、ムリにはお助けしません」とおっしゃいました。「はい」と私は答えました。

幸い生命力が勝り、2か月後、無事退院の日を迎えました。なかなか寝ず、寝てもすぐ起き、ぐずり、食は細く、神経をすり減らしての育児開始でした。

首すわりは6か月、いくら修正月齢（出産予定日を基準に数える）で数えても遅すぎます。でも、かかりつけのお医者さんはゆったりしたものでした。「頭が大きくて重いから、なかなか首がすわらないんでしょう。脳みそがいっぱい入ってるのね、きっと。将来が楽しみですね。あ、そうそう、頭が大きいから、歩くのも多分遅いですよ」

確かに！　お座りも遅く、ハイハイはせず、歩いたのは1歳5か月でした。

癇《かん》が強く、アトピーのせいもあったのでしょうが、機嫌が悪くてぐずることが多く、でも、親の職業柄か、ことばだけはとっても早くて、表現は実に豊かで、いろいろなことが分かっていたので、親の私としては「遅れている」と心配したことはありませんでした。

でも、保育園時代の連絡帳を読み返してみると、長男は「標準」に比べると、圧倒的に発達が遅く、アンバランスだったようです。だんだん追いついてきたのが5歳児クラスのとき、6歳を過ぎてからのこと。

いろいろなシステムがしっかり整っている今だったら、私みたいな〝発達の専門家〟にガツーンと言われていたにちがいありません。

ゆっくり芽を出せ

それでも、やっぱり、あるとき心配になって、園長先生に「うちの子は遅いんでしょうか？」って聞いたことがあります。おおらかな園長先生に「あつしくんは『ゆっくり芽を出せ』ですね」って笑顔であったかーく言われたことは幸運でした。

「よくぞ気がつきました。私たちも心配していたんです。すぐに検査して診断を受けたらどうでしょう？　お母さん、がんばってね」って言われるのと、「ゆっくり見守ってあげましょう。（私たちも一緒に見守りますからね）」って言われるのとでは、大ちがい。

遅れているのを何か悪いことみたいに、取り戻すべきマイナスみたいにエッサエッサ焦ってがんばるのと、芽が出るときをじっくり待ちましょう、ってのんびり待つのとでは、子育ての楽しみがちがいます。

手先が不器用なため、パジャマのボタンのはめはずしが苦手。そのために保育園に行くのがイヤだったり、朝の支度の順番が分からないから泣きたくなったり、すぐ転んだり。左右がなかなか分からなかったり、2年生まで鏡文字を書いていたり……と、まったくいろんなことがありましたが、結局、大人になりました。

箸で食べているし、ワイシャツのボタンだってちゃんと留められるようになりました。「みんなはとっくに箸なのに、どうして、スプーンしか使えないの!」って焦ったり、ボタンを留める特訓をしたりしたのも、楽しい思い出となりました。

幼児のころにあんなに心配して躍起になっていたのはいったい何だったんだろう、子どもはそのときが来るとおのずと伸びるってほんとだわ、と痛感しています。

まったく、園長先生のおっしゃるとおり「ゆっくり芽を出せ」だったんですね。

親のせいじゃなく、脳のせい

そして、息子のことをいろいろあげつらう私自身の幼児期、小学生期を考えると、長男とはタイプこそちがいますが、これまた、まったく標準的ではない子どもだったと思い起こせます。今現在も、かなりヘンなところをたくさん持っていますしね。今、何とか社会生活をこなせているのは、両親にガタガタうるさく言われなかったおかげだと思います。両親も私と同じ「特性」をたくさん持っています。

発達障害は、ともするとマイナスイメージに受け取られてしまいがちですが、発達障害が注目されるずっと前から、ことばの遅れをきっかけとして相談にみえるお子さんの中で、発達にアンバランスさがあるお子さんをたくさん見てきたSTたちは、決してそういうふうには思いません。発達障害やその兆しを持っているのはあたりまえのこと、人はみんなオーダーメイドの脳を持っているのだから、と考えます。

障害といえば障害かもしれないけれど、でも、きわめて個性的な子どもたちです。ユニークな脳を持ちつつ、よい大人に育ってゆくために、上手に支援を受けてほしいと思います。

お母さんたちの多くは心のどこかで「生んだ私の責任じゃないかしら……」と思い、でも、怖くて口には出せないでいます。そんなお母さんたちに「あなたのせいではありません。脳がユニークなだけですよ、そういうふうにできてるんです」とドライに言ってあげたいと思っています。

そしてもうひとつ。

「手がかかる、育てにくい子を持ったおかげで、手助けしてくれる人と知り合い、仲間や絆の大切さを知ることができますよ、きっと」とも言ってあげたいと思います。「苦しいこともあるでしょうが、とても楽しい子育てが期待できますよ」と。

良い育ちを見守り、応援する

自分の息子たちの育ちを思い返してみても、多くの人に助けられ、いつの間にか、だんだんにクリアできたことがたくさんあると痛感します。仕事の上でも、2歳、3歳のころから知っている子の成長ぶりに驚かされることがよくあります。

たとえば、2歳のころは、恐怖（不安）がとても強く、泣き叫んでお部屋の中にも入れなかったお子さんがいました。徐々にお部屋の中に入れるようになりましたが、慣れにくい、人との関係がとりづらい、決まりごとを崩せない、などの特性が強く、たくさんの困難がありました。親ごさんのほどよいサポートのもと、すくすく成長し、中学、高校で、トップクラスの学業成績をおさめました。「とは言っても、今でもかなりヘンです」ってお母さんは楽しげに話してくださいます。確かに「ヘン」、つまり、多数派の人たちとはちがう発想、ちがう行動はたくさんありますが、それでよく育っているのだから、それでいいのでしょう。

2歳ころから、確たる決め手はないけれど、どことなく発達が心配で、つかず離れずのフォローを続けたお子さんがありました。小学校に入ってからの授業参観で、めざましく、たくましく成長した姿を見かけました。幼児期には低緊張でグニャーっとしていて、ヨロヨロ転びやすかったのに、球技の時間に敏捷《びんしょう》に動き回り、チームの要になっているのには驚きました。「まあまあ、あの子が、よくも、こんなにりっぱになって」って、ほとんどおばあちゃんの心境になります。

ドアの開け閉めを何回でも繰り返し、拾ってきた小石を一列に並べ、偏食のかたまりみたいだったお子さんが、4年生くらいから急に「目が覚めた」みたいになって、今ではりっぱな会社員になっていたり……。

そんなふうに、「特性」や「障害」はありつつも、よく育っているお子さんの実例は私のまわりにたくさんあります。早々と「障害」とか「そうじゃない」とか決めることには賛成できませんが、でも、親ごさんが早い時期から療育の考え方、つまり「ゆっくりの、でも、着実な歩みを支えることがいい」という価値観にふれることが、決定的に大事なのだ、と、そういうお子さんたちを見て痛感します。

子どもの行動で気になることがあったら、気軽に相談し、適切なアドバイスや支援を受けるのがあたりまえ、の世の中になってほしいものです。

第二章

ことばの育ちを支えるということ

ここからは、子どものことばとコミュニケーションの育ちを支えるという視点から「ことば」について、また、「ことばの育ち」について考えていきます。

「ことば」とは何でしょう？　つかまえようとすれば逃げる、つかまえた！　と思っても、別のところから別の顔が見える。つかみどころがなく、いろいろな顔を持つのが「ことば」なのでしょう。いくつかのとらえ方をあげてみます。

あらためて考える「ことば」Ⅰ

①　伝達手段としてのことば

「アンパン、食べたいな」とか「あ、ワンワン！」と声に出して言うことで、まわりの人に自分の考えていることや気持ちを伝えることができます。

この場合「ことば」（音声言語）で言わなくても、食べまねをするとか、犬のほうを指さして示す、という方法で伝えることもできます。広い意味でのコミュニケーションです。

②　考える道具としてのことば

ままごと遊び。野菜を切って、なべに入れて、レンジにのせ、おたまでかき混ぜ、皿に盛りつけ、お母さんのところに運んでゆく。こういう一連の動作は、ことばにこそ出しませんが「お野菜を切る」「鍋に入れて」……「お母さんに持っていってあげよう」「お母さん、きっと喜ぶよ」などと、自分の中で考えていることの表れです。

大人も出勤前「さあ、出かけるよ。財布と定期は持ったかな？　あ、財布がない。財布はどこだっけ？　確か昨日の夜、テーブルの上にのせたはず。ああ、あったあった」などと、アタマの中で考えているはずです。だんだん年を取って、アタマの中だけで考えることが難しくなってくると、声に出して言うようになります。いったん外界に放たれた声が耳から聞こえると、意識を集中しやすくなるからです。「え――と、財布どこだっけ？」と、声に出して探すようになってきた自分に気づいたら、「長生きしたおかげだ！」と祝杯をあげるといいですね！

3歳、4歳くらいの子が飛行機などのおもちゃで遊びながら「ブイーン、ガガガガ、待ってろよー、今助けに行くからなー」と言っているのを見かけたら、声に出して考えているのだな、と思ってください。

③ 行動調整の手段としてのことば

②の「考える道具としてのことば」とつながっています。

スーパーのお菓子の棚の前で「今日は買わないよ」と言われて、ワーッと大泣きしたり、ひっくり返ってバタバタしている子は、多分2歳代まででしょう。3歳を過ぎると、大泣きしたり、ひっくり返って泣く子はほとんどいなくなります。

ことばで考える力がついてくることによって「今日は買わないよ。おうちにあるでしょ」と言われると「おうちにある」状態を想像し、「おうちに帰ったら食べられるんだ」と考え、さらに「今はがまんしよう」と思えるようになるのです。親ごさんたちが「最近、聞き分けがよくなってきた」とおっしゃる変化です。

大泣きしたり、ひっくり返ってバタバタしなくても、自分の行動を理性的に調整できるようになった、ということです。

大好物のおまんじゅうが目の前にあっても「メタボになるからやめよう」と自制できるのも、この行動調節の働きです。

この3つを含めて「ことばの力」が失われていたり、身についていないと、いろいろな困難が起きてきます。

たとえば、よそのうちを訪問した場合、「お花がきれいだな」とか、「壁に時計がある」とか、「コートがかけてあるけど、だれのかな？」とか、声に出さなくても部屋に入った瞬間に、何がどうなっているのかをことばで把握しています。だから、落ち着いて座っていられるのです。

まったく知らない場所にいきなり連れてこられて、部屋のしつらえは今までに見たことも聞いたこともないものばかり。何に使うのか分からない道具が並んでいる。そんな中では、寄る辺《べ》ない、というか、世の中に安心して存在していられない気分になるのは当然のことです。

障害のあるお子さんや、認知症の方たちが示す落ち着かなさや不安な表情は、その人の立場になってみなければ分かってあげられないような事情に基づいているのでしょう。

あらためて考える「ことば」Ⅱ

ＳＴ的に考えると「ことば」ということばには３つの意味があります。

たとえば、子どもが「りんご」と言ったとします。その内容は、

①　声に出すことば　speech　音声言語
②　分かることば　language　考えること
③　コミュニケーション意欲　伝えたいと思う気持ち

に分けてとらえることができます。

りんごを見た子どもは「あれはりんごだ」「皮をむいて食べるよ」「おいしい味がする」などとアタマの中で考え（language）、唇や舌を動かして「り・ん・ご」と発音（speech）しました。

その子には、「りんご、食べたいな！」とか、「ねえ、あのりんご、きれいな色だね！」とか、何か、そこにいる大人に伝えたいこと（コミュニケーション意欲）があったにちがいありません。

ことばが出る仕組みを水鉄砲にたとえると、水鉄砲の口から出る水が音声言語、声に

出すことば（speech）、です。

ことばが音になって口から出るためには、水鉄砲のタンクの中に水がたまっている必要があります。たまっている水が、language、分かることば、概念とか思考です。「皮をむいて食べるよ」とか「おいしい味がする」「あれはりんごだ」という概念はどうやって身につけたかといえば、それまでに何回も見たり、食べたり、という体験があるからです。タンクの水（分かることば）は、毎日の生活の中での経験の積み重ねによってたまります。

新たに見たり聞いたりしたものを、すでに記憶・貯蔵してある言語知識と比べ合わせることを「参照」といいます。参照することによって、前に見たものと同じだとか、以前に聞いたものとはちがう、これは新規なものだ、という「弁別」「認知」といった「分かる」作業ができます。

言語発達の重要な法則のひとつに「言語理解は言語表出《ひょうしゅつ》に先行する」（分かるのが先で言えるのは後）ということがあげられますが、理解すること、分かることは記憶された言語知識をベースにして行われる作業です。

学校の教室で「よく考える子ども」という標語が掲示されているのを見かけます。考えるという作業はことばを用いて行います。そのためにも、幼児期から豊かな体験をして、記憶の貯蔵庫にたくさんの言語知識を入れておくことが不可欠です。

いろんなものにさわったり、たたいてみたり、つまずいたり、転んだり、いたずらしたり、味わったり……。無駄なように見える小さい子どもたちの探索行動のひとつずつは、将来の「考える」力を育てるための一歩。気長に見守りたいものです。

タンクの水が底のほうにちょっぴりしかなくても、伝えたい気持ちがとても強く、強い力で引き金を引けば、それなりに相手に伝わります。まだお話しできないよちよち歩きの赤ちゃんでも、お母さんの前に回って両手をさし出して「あーあー、あーあー」と言えば、「はいはい、しょうがないわねぇ、だっこね」といって抱き上げてもらえます。気迫の勝利です。

逆に、タンクが満水であっても、ただ置いてあるだけの水鉄砲の口から水は出てきません。引き金を引くエネルギーが必要です。引き金を引くエネルギーとは「この人にこのことを伝えよう」という思い、すなわち、コミュニケーション意欲です。これがないと、ことばをたくさん知っていて、考えることもでき、舌や唇をつかって発音する力がちゃんと備わっていても、「ここでは言わないでおく」「コミュニケーションはしないですませる」ということになってしまいます。「引き金を引く力＝コミュニケーション意欲」を育てることを、えてして私たちは忘れがちです。分かることを増やし、口が動くように訓練すれば、ことばが出る、というほど、ことは簡単ではありません。

保護者会事件

あるお母さんに聞いて、とても面白かったのでよく使わせていただいているエピソードがあります。

そのお母さんは、小学生のお兄ちゃんの保護者会があったので、幼稚園に通う弟をおじいちゃんに預けて出かけたそうです。保護者会は2時に始まり4時に終わるはずで、簡単なおやつをちょっぴり置いていきました。

おじいちゃんは、けっこう気むずかしい人。弟はおとなしくよい子で遊んでいたようで、3時におやつを食べました。けれど、保護者会が延びて5時半くらいになってしまいました。おじいちゃんは、「4時まで」と頼まれたのに、5時を過ぎてもお母さんが帰ってこないので、だんだんいらいらしてきたのではないでしょうか。

そこのおうちでは、食卓の上に、果物を盛り合わせたかごを置いてありました。弟くんも、だんだんおなかがすいてきました。たしか、幼稚園の年中さんだったと思うのですが、「りんご」と言えるし、「りんご食べたい」とか「おなかすいた」とか、言えることばは十分に持っていた。でも、おじいちゃんに「おなかすいた」とか「りんごむいて」と言えば、「うるさい！」とか「待ってろ！」とか「お母さんは遅い！」などと言われることが分かっているので、食べたいと思ったけれども、言わずにがまんしていました。

夜になってから、お母さんに言ったそうです。「おじいちゃんが怖そうだったから、食べたかったけど、言い出せなかった」と。

それこそがコミュニケーション意欲の問題を表しています。

コミュニケーション意欲というのは、言う側に能力があるかないかではなくて、相手、受ける側が、「受けるよ」という構えを持ってくれているかどうか、にかかっている、ということです。それによって、子どもの持っているコミュニケーション意欲がちゃんと発動するかどうかが変わってくるのです。

保育士さんたちの集まりでよく出る質問は「どうしたら、子どものことばを引き出せるでしょうか？」です。私の返事はこうです。「子どもから引き出すのではなく、思わず出てくるような構えを受け入れ側が作ってあげれば、引き出さなくても自然に出てくると思いますよ」と。一緒に楽しく遊ぶとか、何か言いたげにしていたら「なあに？」と聞いてあげるとか、「〇〇してみようか？」と推測して代わりに言ってあげるとか。

子どものコミュニケーション能力を強くすればいいのではなく、まわりにいる人が、「聞くよ」という態勢を作れるかどうか、によって、子どもの中にある力がうまく発揮されるかどうかが決まるのだと思います。

本人の力も大切ですが、環境の果たす役割は想像以上に大きいのです。

あらためて考える「ことば」Ⅲ

「りんご」ということばを言語学的に考える場合、大きな４つの側面があります。

1　音韻論的側面
2　意味論的側面
3　統語論的側面
4　語用論的側面

音韻論的側面

ことばを構成する音を扱います。「り・ん・ご」は合計3つの音から成り立っている。もっと正確にいうと、r-i-n-g-o の合計5つの音で成り立っており、その中の r/n/g は子音であり、i/o は母音です。

日本語では、子音＋母音がセットになってひとつの音のまとまり「ひらがな」を構成し、それがことばを成立させています。

また、発声・発語を実行する舌や唇、実行器官に指令を出す脳の働きが順調であることが必須条件です。

たったひとつの音が入れ替わるだけで意味も変わってしまいます。

子どもがお父さんの顔を見て「げまね」と言いました。メガネとは縁もゆかりもないように見えますが、ローマ字表記するとg-e-m-a-n-e。m-e-g-a-n-eのgとmの順番が入れ替わっただけだったりするんですね。子どもは「パパ、今日は、いつもとちがうメガネかけてるね」って言いたかったのでしょう。

意味論的側面

「赤くて丸い果物」「甘酸っぱくておいしい味がする」「皮をむいて四つ切りか八つ切りにして食べる」など「りんご」にまつわる意味の側面です。

「赤くて丸い」とか「甘酸っぱい」とか「おいしい」という、りんごの意味論的側面は、実際にりんごを体験（見る、さわる、食べるなど）し、それが脳の中に記憶されているから分かります。ことばは体験や経験がその基礎になっている、というのはそのためです。

「りんごは果物であって動物ではない」とか「りんごは丸いが、バナナは長い」「りんごは赤いが、バナナは黄色い」「丸い果物にはほかに桃やすいかがある」など、言語的な知識は認知能力とともに際限なく広げることができます。
こういう言語知識を整理してしまっておくのは脳ですが、そのためにカテゴリーに分けてきちんと整理する能力が必要です。

統語論的側面

ことばとことばの関係を文法的に見る見方です。
「りんご」はひとつの単語であって文章ではありません。
「これ　は　りんご　です」なら、

これ　：代名詞
は　　：格助詞
りんご：名詞
です　：助動詞

の4つの種類の品詞がつながってひとつの文章を構成している、といったことです。

赤ちゃんは母語の文法を生後2年か3年の間に見事に身につけます。考えてみると、実に不思議なことです。

子どもとのコミュニケーションを考える場合にいちばん大事な「語用論的側面」

同じ「りんご」ということばであっても、言われた場面によってその意図が異なります。

①絵本を見ているときに大人がりんごを指さして「これは?」と質問したのに対して子どもが「りんご」と答えた場合と、

②お母さんが買い物してきたスーパーの袋をのぞいて、子どもが「りんご!」と言った場合とを考えてみます。

音韻論的に「r-i-n-g-o」という5つの音の連なりであり、意味論的に、眼前の「赤い丸い甘酸っぱい果物」をさしており、統語論的に、単語であって文章ではない、という点までは共通していますが、4つ目の語用論的側面から見ると大きくちがっています。

「語用論」(pragmatics プラグマティクス)は、いろいろな場面で、その人が思っているであろう「気持ち」「意図」を読み取ろうとする考え方、アプローチのことです。

①の状況では子どもは淡々と質問に答えただけですが、②のほうでは「りんご、食べたい!」という気持ちが込められているように受け取れます。

「食べたいな!」という子どもの「気持ち」はどうやって大人に伝わったのでしょうか?

それは、「言語の周辺要素」といわれるたくさんの手がかりがもとになっています。

・りんごに視線を合わせて　・うれしそうな顔になり　・お母さんをふり向いて
・りんごを指さして　・はずんだ声で　・この子はりんごが大好物
・時間が3時ころ。ちょうどおなかがすいて、いつもならおやつを食べている時間。

など、生活文脈上のあれこれや、表情や動作、声の調子などです。

こういう「語用論」の見方からすると、音声言語(言うことば)に頼らなくとも、表情や動作を周囲の人がじょうずに読み取ってあげれば、十分にコミュニケーションはとれるということになります。子どものことばが育つためにいちばん大事なのは、この語用論の考え方です。

語用論がうまく応用できないと、こんなことが起こります。

夫婦で一緒に外食して家に戻ってきました。妻がカギを開けようとバッグを探したけれども見つかりません。そこで横に立っている夫に「ねえ、カギある？」と聞きました。夫はポケットの中を探って「あるよ」とカギを妻に見せ、そのまま、またポケットにしまいました……？？？？

こんなふうに、周辺の状況を読むことが上手にできない人たちが発達障害といわれる人たちの中に大勢います。それだけではなく、発達障害といわれていない人たちの中にだって、実は大勢います‼

そのことは、第三章でまたお話しします。

あらためて考える「ことば」Ⅳ

ことばは、氷山みたいなものです。

水面上に出ているのが「言えることば」だとすると、水の中に沈んでいるのは「分かること」。小さい氷山では、水面上に出ている「言えることば」の部分も少なくなります。当然、水の中に沈んでいる「分かること」も少ないでしょう。

「言えることば」すなわち水の上に出ている部分を大きくしたい場合は、水の中に沈んでいる「分かること」をうんと増やしてあげるようなかかわりをすることが大切です。

水面下の「分かること」はさらにふたつの部分に分けられます。

「ことがらが分かる」ということと「ことばが分かる」ということです。

オレンジジュースの入ったコップが目の前にあるときに、それをざあっと頭にかけるのではなく、口に運んで飲むことができれば、「オレンジジュース」とか「コップ」ということがらが分かっていることを意味します。

ガラスを見たことも、コップを使ったことも、オレンジジュースを飲んだこともない人がいきなり部屋に連れてこられ、ガラスのコップに入ったきれいなオレンジ色の液体が目の前に置いてあるとしたら、何に使うのか分かりませんよね？　毎日の体験、経験が「分かることがら」を増やしていくのです。

ことがらを体験するときに「オレンジジュース飲もうね」とか「こぼさないようにそっとね」「コップ、気をつけてよ」と声をかけてもらうことで、「ジュース」「コップ」「飲む」などを耳で聞き、ことばとして覚え、分かることばが増えていきます。毎日の生活で、いろいろな体験をするときに、ていねいにことばを添えることが、言えることばを増やすのです。

赤ちゃんのオムツを替えるときに親ごさんたちは、ごく自然に「気持ちよくなったね」などとことばをかけています。それがまさに「ことがら」の体験の中でことばを育てている、ということになります。

ことばは、何も、専門家の特別な技術に頼らなくても、毎日の暮らしの中で確実に育てることができるのです。

ことばの仕組みと脳のはたらき

ことばを話したり、理解したりするのは脳のはたらきによります。私たちが普段「脳」というときには俗に「脳みそ」と呼ばれる大脳のことをさしています。

大脳は、右半球と左半球ふたつの部分に分かれていて、両者は「脳梁《のうりょう》」と呼ばれる2億本の神経線維の束によってつながっています。「脳梁」は、たとえるなら左右の脳の「渡り廊下」ですね。

ちなみに、神経のはたらきはすべて電気的な活動として行われますから、ここでは便宜的に「神経線維とは電線みたいなもの」と考えることとしましょう。

大脳は場所によってそれぞれちがうはたらきを担っています。これを大脳の「機能の局在」といいます。

ことばを考えたり（language）、発声発語（speech）をつかさどる言語野は、大脳の左半球の「運動性言語中枢（ブローカ野）」で、左耳のちょっと前上のあたりにあります。ブローカとは、ことばが理解できるのに話せない失語症患者を初めて報告した医師

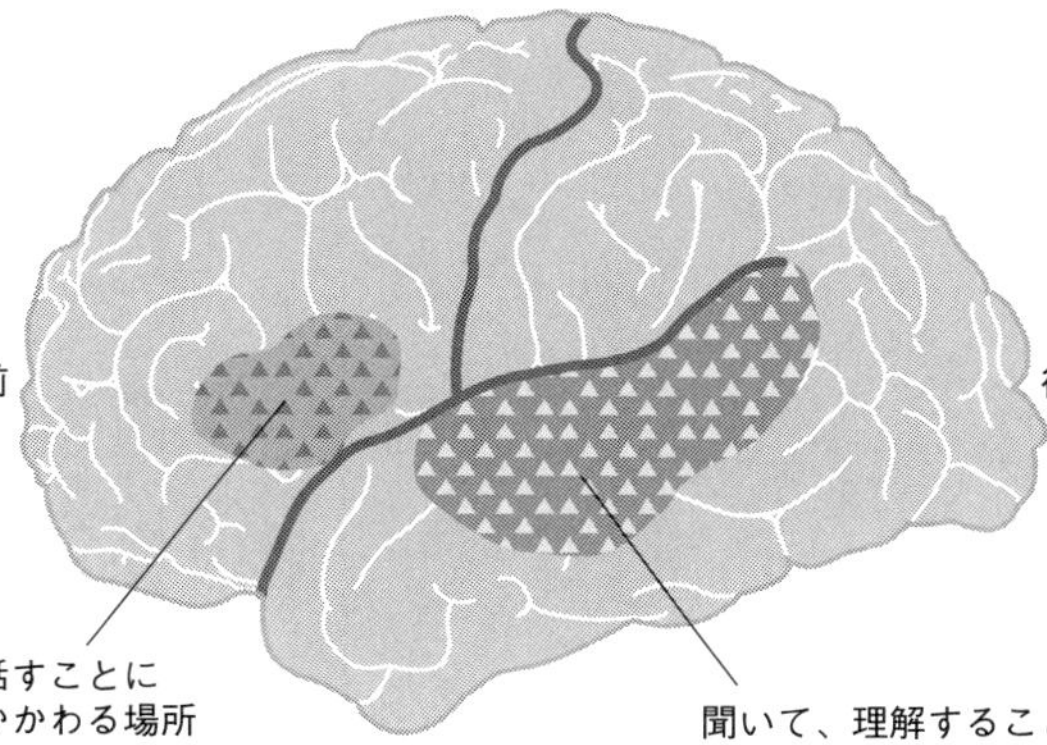

図1 大脳左半球外側面

の名前です。

一方、ことばを聞いて理解する言語野は、左耳の後ろ、下のほうにある「感覚性言語中枢(ウェルニッケ野)」です。ウェルニッケも医師の名前です。ブローカが報告した症例とは異なり、話しかけられたことを理解できない患者を研究して、この部位が障害されていることと関連づけました。

大脳のそれぞれの場所がつかさどる役割を示したのが図1です。

このように、ことばのはたらきは主として大脳左半球がかかわっています。もちろん、右半球も、語調の読み取り、比喩表現の理解など、ことばのはたらきにさまざまに関与します。

大脳以外の脳も大事――大脳、大脳辺縁系、脳幹

ことばのはたらきは大脳が担うと書きましたが、大脳だけが脳なのではありません。脳と脊髄をあわせて「中枢神経系」という呼び方をすることもあります。その中身は大脳、大脳辺縁系、脳幹、小脳、脊髄を含みます。

小脳は運動のリズムや声の大きさの調整を行います。パーキンソン病など小脳の病気があると、ことばのリズムや声の大きさなどに障害が現れるのはそのためです。

ここでは、小脳、脊髄を除外して大脳、大脳辺縁系、脳幹について考えます。

生物は歴史的に進化をとげてきましたが、脳も例外ではありません。「屋上屋を重ねる」といいますが、下部の脳のほうが基本的なはたらきを担い、後から追加されたはたらきを担う脳は上のほうに積み重ねられてきました。

いちばん下に当たる「脳幹」は、視床、視床下部、中脳、橋《きょう》、延髄を含み、呼吸、からだを動かす、消化吸収など、生命を保つはたらきを受け持っています。睡眠、覚醒の

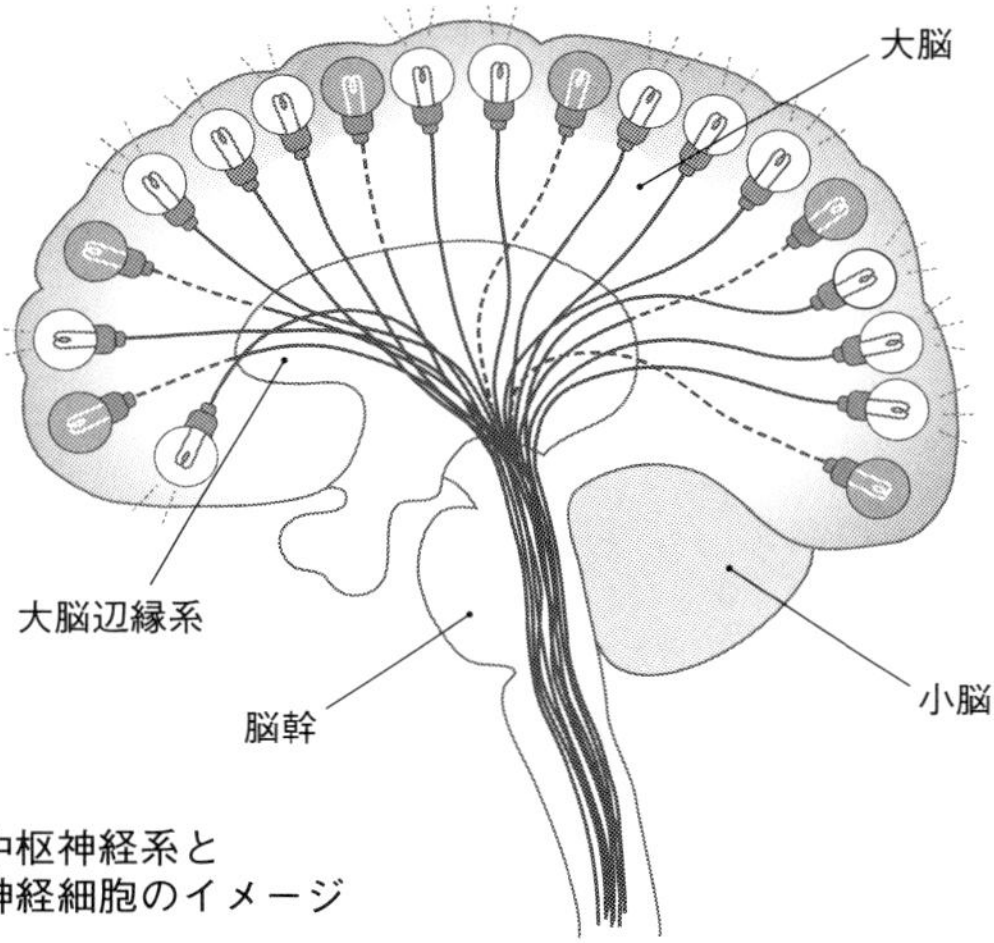

図２ 中枢神経系と
神経細胞のイメージ

リズムをコントロールしているのも脳幹です。

　脳幹が順調にはたらくことが、ことばにとってのいちばんの基礎ですから、早寝早起き、しっかりご飯を食べて、元気に遊ぶことが大事。子どもの仕事が「食う、寝る、遊ぶ」なのはそのためです。

　大脳辺縁系は脳幹より上、大脳の下に位置し、扁桃体《へんとうたい》、海馬《かいば》、帯状回《たいじょうかい》などを含みます。大脳辺縁系は、からだの状態と連動する気持ちの動きにかかわります。たとえば、おなかがすくとイライラするのに、おなかがいっぱいになると落ち着きますね。こういう、自分ではコントロールしがたい「内なる声」には、大脳辺縁系がかかわっています。

大脳辺縁系は意欲や記憶もつかさどります。ことばは学習によって覚えるので、覚えようとする意欲や、記憶しやすい気持ちの状態を作り出しつつかかわることが大事です。「教える」のではなく「楽しみながら自然に覚える状態を作り出す」ような受容的なことばかけが効果的なのはそのためです。

3段重ねの鏡餅の橙が「大脳」

脳は鏡餅みたいなものだと考えてみてください。

脳幹は基礎の基礎、1段目のお餅。

大脳辺縁系は、2段目のお餅。

いちばん上にのっている橙《だいだい》に当たるのが大脳です。

大きな橙（大脳）をのせるには大きなお餅の準備が必要。つまり、「からだの脳（脳幹）」と「気持ちの脳（大脳辺縁系）」をしっかり大きくすることを優先することです。

そして、橙に当たる大脳は大きくふたつの部分に分かれます。大脳の表面にあって灰色をしている「大脳皮質（灰白質）」とその内側にあって白い色をしている「白質」です。

表面の灰色の部分は、神経細胞がおおむね6層にぎっしりと配列されている部分です。無数の「豆電球」と考えていただくと分かりやすいでしょう。

この神経細胞が脳の中のさまざまな場所ではたらきを分担しています（脳機能の局在）。豆電球には必ず電線（神経線維）がつながっています。電線は白い色をしています。それが通っている場所が大脳の皮質下（白質）や大脳辺縁系、脳幹などです。大脳の表面の豆電球と電線の関係は77ページ図2に示しました。

配線工事は生まれてからのお仕事

豆電球に当たる神経細胞は、生まれたときに数がすべてそろっています。だったら、生まれたあとで脳の大きさや重さが増えてゆくのはなぜ？　それは、配線工事が進むと電線の量が増え、脳の重さ大きさが増加するからです。

人間として自立して生きるために必要な機能を全部備えるには、大人の脳の大きさが必要。でも、大きな頭では産道を通ることができません。そこで、最低必要な機能だけを搭載し、あとの機能は生まれてから3年、5年、10年かかってゆっくり育てればいいさと、配線工事が未完成な小さな頭で生まれてくるのが赤ちゃんなのです。

大脳皮質の「言語野」がはたらくために、毎日の生活を大切に——ことばのビル

ことばの力がつくとは、大脳皮質にある「言語野」(前方のブローカ野と、後方のウェルニッケ野)に配置されている豆電球が数多くピカピカと明るくともること。そのためには、大脳の働きの基礎にあたる脳幹、大脳辺縁系の電線部分の電気の通りをよくして、配線工事が順調に進むような条件を整えることが必要です。

そのためには何をしたらいいのでしょうか?

オムツを替えてもらったり、おっぱいを飲んだり、自分で寝返りをしたり、いたずらしたり、はいはいしたり、毎日繰り返される生活の1コマずつはすべてからだを通して行われますが、その動きや情報は全部、脳の中の配線工事を進め、電球に明かりをともしてくれます。暮らしはそれ自体が、ことばへの準備になっているのです。

ことば
構音器官の訓練
かむ
飲み込む
なめる
吸う
ふく
ことばが分かる
聴く力を育てる!!
ことばを教える
イヌよ!
実物にことばをそえる
ふわふわしてるね!
経験にことばをそえる
理解をすすめる
イヌはふわふわしてるよ!
…!
ことばで分かり合う!
やった!
やった!
共感のことばを多く
豊かな体験・経験
テレビを減らして
TV OFF
見る 聞く 味わう
触れる・感動する!
身辺自立
楽しく遊ぶ
感覚統合
手を使う
身辺自立
遊び
家事参加
情緒の発達
安定した親子関係
周囲の協力!
共感関係
1日5分笑いタイム
体の発達にそった十分な運動
規則正しい生活
ファー
食事の時間を一定に
よくかんで!

図3 ことばのビル

脳幹―大脳辺縁系―大脳の脳のはたらきと、ことばの発達とを重ね合わせたのが81ページ「ことばのビル」(図3)です。

規則正しい生活、体を使う楽しい遊びや体験の中でことばをかけてもらい心を通わせること。そんな「ことばのビルを建てる暮らし」が子どもの育ちを促します。

「ことばかけの方法」とか「ことばの力を伸ばす知育玩具は?」といった細かいことに目を向けるだけでなく、発達の全体像を見失わずに毎日の生活を、ひとつずつていねいに見直すことが大事です。

これは発達障害や何か心配のあるお子さんを含めて、すべての子どもにとって共通かつ大切な「生命のルール」です。

第三章

特別支援教育と発達障害の子どもたち

平成19年（2007）4月から本格実施された特別支援教育は、日本の教育に画期的な変化をもたらす可能性があります。平成17年4月に施行された発達障害者支援法も各地で少しずつ実効を伴うようになってきています。特別支援教育とは何か、発達障害をどうとらえたらいいか、私なりの考えをお伝えします。

子どもの育ちと周囲の責任

私の恩師、障害児教育と幼児教育に実践的に取り組まれた故・三木安正先生は、知的障害児者をどのように育てていったら人として幸せな生涯を送ることができるかを生涯のテーマとして、子どもに直接働きかけることとあわせて、子どもが育つ周囲の人的環境や社会に対しても働きかけ、変えていこうと先頭に立って行動されました。

部分は全体を反映し、全体は部分に現れる、といいますが、三木先生をめぐるエピソードの数々は、先生の揺るがぬ軸を語っています。三木先生は、東京大学の1、2年生対象の心理学の講義の最初に「君たちがこの大学に入れたのは、だれのおかげだと思うか」と問いかけたことがあります。学生たちは、先生が親のおかげとか小学校以来の先生方の指導の賜物だと言わせようとしているのではないかとけげんな顔つきになりました。そこで先生は「諸君がこの大学に入れたのは、諸君より成績の悪かった人がいたおかげであり、その極限にいる心身発達に障害のある人などは最大の恩人である。その恩を忘れてしまうようなら、最も愚劣な人間ではないか」と話されたのです。

また、常々こうもおっしゃっていました。

「人間はもっとも高度に発達した生物であるため、出来、不出来の差も大きく、また故障も多いわけで、一方に天才的な人もいると同時に他方には、ことばも持たず、知的判断力は大人になっても2、3歳程度という人もいる。

人間は天才的な人物が出てある分野を開拓することで、全体のレベルが上がってゆく。だが、そうした天才的人物がいるということは、反面、発達に障害のある人がいるということでもある。逆説的に言えば、障害を持った人たちがいるということが、文明社会を築いてきたということになる。

われわれ、一応人間として健康な身体と精神を与えられ、文明を享受しているものは、人間の犠牲的負担を負っている心身障害者に対して、可能な限りのことをして、福祉社会を作っていかなければならないと思う」と（三木先生追悼集『三木先生と旭出学園』昭和60年）。

時移り、先生が活躍されたころとは障害に対する考え方は変わり、人権意識の進展に伴いことば遣いも変化しましたが、私は三木先生の子どもと社会に対するこういう考え方に、基本的に共感します。

「分からないことがあったら、よく子どもを見てごらん。子どもが答えを持っているから」ということも先生の持論でした。私がいささかでも、子どもの側に立つ人間でありえているとしたら、三木先生の影響が大きいと思っています。

ひとりずつを大切にする、それがスペシャルな教育

三木先生の、教育に対する考え方も、今の特別支援教育を先取りするような考え方でした。昭和29年ごろから、すでにこんなふうに書いたり話されたりしていました。

「君たちは特殊教育とか特殊学級*というのは、特別な子が受ける教育だと思っているだろうが、それはちがう。special education（スペシャル・エデュケーション＝特別な教育）ということばは、normal（ノーマル＝標準の）な、ordinary（オーディナリー＝普通の）な教育にプラスしてスペシャルな何かが加わっているものを意味する。何がスペシャルかというと、ひとりずつの子どもに合わせた教育、ということだ。本来、教育においてはひとりずつの興味、ひとりずつの能力に合わせた教育をするのがあたりまえ。でも今のように何十人もの生徒が1クラスにいて、一斉授業をしなければならないという中ではそれはまず不可能。なので、特殊学級を作ってそこで教えるということになっている。日本中のすべての学級が特殊学級、特別学級になれば、今でいうところの特殊学級、特別学級はいらなくなるはずだ」と。

特別支援教育は、すべての学校のすべての学級で、子どものニーズに応じた教育が行われるようになることをめざしています。

特別支援教育の本格実施に当たっての文部科学省初等中等教育局長通知（19年4月1日付）は、特別支援教育の概要にふれたあとに、こう述べています。

「特別支援教育は、（中略）幼児児童生徒一人一人の教育的ニーズを把握し、その持て

＊　特殊学級も特別学級も今は「特別支援学級」と呼ばれています（地域によって名称が違う場合もあります）。

る力を高め、生活や学習上の困難を改善又は克服するため、適切な指導及び必要な支援を行うものである。（中略）

さらに、特別支援教育は、障害のある幼児児童生徒への教育にとどまらず、障害の有無やその他の個々の違いを認識しつつ様々な人々が生き生きと活躍できる共生社会の形成の基礎となるものであり、我が国の現在及び将来の社会にとって重要な意味を持っている」（傍点筆者）

人はひとりずつちがう、との認識から出発して、共に生きる社会を作る……。遠く、高いところに置かれた目標に向かおうとする、価値ある歩みです。

必要な子に必要な支援を

障害のある子を特別な子、異質な子、ととらえるのは間違いです。定型発達、多数派の子どもたちよりも多くの支援が必要な子どもたちです。

スモールステップに分けて、できないことに手立てを講じる。

できないことを怒るのではなく、できないことは他の人の力を借りてもいいのだよ、と教える。

そして、支えられながら育つことによって、「僕だってやればできる」とか「僕って存在価値があるよ」と、自己評価の高い子どもに成長することが、特別支援教育の最終的な目標です。

実は、通常の学級での教育も、本当はこういう考えで行われるべきものなのだと思います。

日本の学校教育は、富国強兵、欧米列強に追いつき追い越せと、明治時代に導入された教育のスタイルを受け継ぎ、一斉集団授業の形のまま現在まできています。「はい、先生のほうを向いて」と言えば、40人が一斉に先生のほうに集中する、というやり方です。勤勉で、横並びを好む国民性あってのこと、といわれます。多くの親ごさんたちもそのやり方を疑わずにきているので、ちょっとちがうところのある、ユニークなお子さんを持つと「みんなと一緒にちゃんとやってゆけるでしょうか?」ということがいちばんの心配のタネになります。

「みんなで一緒に」の問い直し

日本の教育は、そのことの問い直しが必要な時期にさしかかっていると思います。

東京都狛江《こまえ》市で教育委員を拝命して以来、支援の必要な、障害のある子どもたちだけではなく、定型発達といわれる多数派の子どもたちにも目が向くようになりました。そして、支援の必要な子どもたちだけでなく、通常の学級、通常の学校教育が変わることが必要な時代になっていると痛感しています。小学校での40人学級は、学習集団として適正な規模とはとても思えません。予算不足を理由に、従来どおりを踏襲することは、はたして次世代を担う子どもを育てる上でプラスになっているのでしょうか。

クラスの人数の点だけでなく、授業内容においても、特別支援教育の導入を契機に、すべての子どもが楽しく理解できるようになる、という方向に向かうことを私は強く願っています。

ニーズに応じた支援は国際的な流れ

特別支援教育とは、できる限り、子どもが生活する地域で、ニーズに応じた支援が受けられるようにしようという考え方で、世界的な流れとも呼応しています。

２００１年、ＷＨＯによる障害分類が、国際障害分類（ＩＣＩＤＨ）から、国際生活機能分類（ＩＣＦ）に変わりました。粗っぽくまとめると、機能障害、能力低下、社会的不利という観点で、できないことを見つける考え方から、まわりの者がどう手助けしたらスムーズに社会参加できるのか、という考え方に大きく舵を切ったのです。

１９９４年、スペインのサラマンカで、ユネスコによる「特別ニーズ教育に関する世界会議」が開催され、「サラマンカ宣言」が採択されたことも後押しになっています。この宣言の中ではEducation for all（エデュケーション・フォー・オール＝万人のための教育）とインクルージョン（包括的教育）がうたわれ、可能な限りニーズに応じた教育をしなければならないという方向が打ち出されました。

ただし、各人の生活の場、その子の住む地域でゆきとどいた教育を受けられるように、というのは方向としては当然のことですが、現実には困難な点もあります。そのため、従来どおり知的障害・肢体不自由のお子さんのための特別支援学校、視覚障害・聴覚障害のお子さんのための盲学校やろう学校、また地域の学校に併設されている特別支援学級は今までどおり保障することになっています。

今の日本にある学校や学級のいろいろ

ニーズに応じた教育、必要性の大きい子にはたくさんの支援を、とはどういう意味でしょうか?

通常の学級、2年1組とか、3年2組とかに属していて、特段困りごとのないお子さんはそのままどうぞ。40人の児童に先生ひとりでは、何かと大変だけれど、何とかやってください、というわけです。

教室にいられなかったり、勉強についていけなかったり、通常の学級では苦戦を強いられる子には、週に1、2回、少人数でのていねいな指導を受けられる通級制の学級(教室)を置きます。東京都は「学級」としていますが、全国的には「通級指導教室」という名前のところも多いと思います。

通常の学級では、人数も多すぎるし、勉強の進度にはとてもついてゆけそうもないし、友だちとの関係がうまくゆかないと思われるお子さんには、固定制の学級が用意されます。固定制の学級というのは、朝そこに登校して基本的に下校までの1日をそこで過ごす、という意味です。ひまわり学級とかなかよし学級などの名前がついていることもあると思います。

登校から下校までと書きましたが、2年生のお子さんであれば給食や音楽の時間には2年3組に参加するなど、校内での交流が行われていることも少なくありません。そういう交流の時間があるとしても、基本的な居場所として保障されるのが固定制の学級です。

固定制の学級は基本的に8人の子どもに対して先生ひとりが配置されます。その人数では効果的な指導が行えないというお子さんに対しては、さらに手厚い教員配置のある特別支援学校や盲学校、ろう学校も用意しました、というのが今回の特別支援教育の大きな枠組みです。

「ひとりずつていねいに」と「みんなで一緒に」の両立の方向を

特別支援学校や盲学校、ろう学校は、居住地域と離れたところに設置されていることが多いものです。スクールバスに乗って通うことがほとんどで、従来は、地域との関係が途切れてしまいがちでした。

ひとりずつていねいに見てほしいけれども、せっかく保育園・幼稚園時代を地域でみんなと過ごしてきたのだから、地域の学校でみんなと一緒にも過ごしたい。本当は両立させてほしい、という保護者の願いは、当然のことです。

それを実現するために、各自治体での取り組みが行われ始めています。東京都では、特別支援学校に在籍する子どもは、本来その子が入るはずだった地元の小学校との間で「副籍交流」といって、学校だよりの交換や、行事などの際の交流を行うようになっています。逆に、通常の学級の子たちも特別支援学校のお祭りに参加したりします。こういう日常の交流の積み重ねによって、「(障害のある)○○くんって、自分のうちの地域に住んでいるんだね」ということを自然に意識の中に持てるようにすることが大事です。

もっとも、このことに限らず、特別支援教育には大きな地域差があります。絵に描いた餅状態で、実質がまったく伴わないというところもあります。

法律は、できただけでは何も動きません。実態を作っていくのは、私たち支援者や、親御さんたちの今後の役割なのだと思います。

発達障害が支援の対象に加わり、地域での一貫した支援を

ニーズに応じた支援教育に加え、特別支援教育のもうひとつの特徴は、発達障害という状態のお子さんたちが、新たに支援の対象に組み込まれたことです。

今までの支援のメニューは、知的障害、肢体不自由、視覚障害、聴覚障害、病虚弱児、そして難聴言語障害を主たる対象とするものでした。今回、発達障害が教育支援の対象に新たに加わったことは大きな変化を生み出そうとしています。

そして3つ目の特徴は、地域での生活を軸に、学校時代9年間、または12年間だけを見るのではなくて、発達障害者支援法とも連動しながら、幼児期から学校に入るとき、進学するとき、学校を出て就労して社会生活をしていく、というつなぎ部分も含めて地域での一貫した支援を視野に入れて考えようとしている点です。

幼児期から成人までの一貫した支援は、学校だけで完結することができません。おのずと、地域の中の機関同士が連携・協力する必要性が生まれてきました。

学校内でも連携が必要になります。従来の学校では、クラスに落ち着きのない子や学力面で振るわない子がいると、担任が自分の指導力不足ではないかとひとりで抱え込み、悩み行き詰まることが多かったのです。実際、教室から飛び出してしまう子がいると「クラスでの担任の指導が行き届いていない」という目で見られがちでした。でも、特別支援教育が始まり、校内委員会が立ち上げられたことで、先生方が発達障害のある子どもの特性を学び、みんなで考え話し合おう、支援の必要な子は学校全体の目で見ていこうという雰囲気が出てきました。子ども自身も落ち着き、先生も楽になっていくという良い変化が、このところあちこちで出始めています。

連携と協力は、学校だけで行われるものではありません。

子育てに苦戦する親ごさんがいたら親ごさんだけの責任にせず、みんなで支える。保育園や幼稚園、子ども家庭支援センターなども情報を持ち寄り、機関同士も支え合って、1か所だけでがんばらなくてもいい仕組みを作る。

それが、地域で、育てにくい子、支援の必要な子がすこやかに育つために不可欠のセーフティネットになるでしょう。

発達障害とは

発達障害の定義と範囲

「発達障害」とは何でしょうか？

広い意味での発達障害とは、「成長の途上で、何かの原因があって、通常の発達がうまくはかどらず、成長や発達にひずみや遅れが生まれる。そのため、さらに次の段階の発達にも影響が及び、社会的な適応がうまくいかなくなってしまう状態のこと」です。

たとえば、「特段の困りごとや心配がない子の場合は、はぐくみ、見守ってさえいれば、その子の力で成長していく。ところが、生まれつき何らかの育ちにくさ、行動の特性があって、落ち着きがなかったり、ことばが遅かったり、集団行動がとれなかったりすると、〝どうしてちゃんとできないの〟〝まったくお前は…〟というふうにまわりからの圧力が強く加わる結果になる。自分ではちゃんとやりたいと思っているのに〝うまくできない感〟を抱え、さらに親や先生から叱られてばかりいると、ひずみや遅滞がどんどん大きくなったり日常の困りごとが増えて〝どうせ僕なんか〟と思い、自己評価の低い、イライラした、社会にうまく適応できない人になっていくかもしれない……」ということです。

そういう悪循環に陥らないため、何らかの育ちにくさや障害の兆しがある子の場合は、早い時期に「確かに育ちにくさはあるけれど、うまく育てていけば、りっぱに育ちますよ、一緒にやっていきましょう」と言ってくれる人や場所に出会えるようになってほしいものです。

「りっぱに育つ」というのは欠けたところのない人になる、という意味ではありません。凸凹な特性があるとして、そういう特性を持ちつつも、安定したよい大人になる、という意味です。そんなふうに安心させ、見通しを伝えてくれる人と早く出会えることは親子の人生にとって、決定的に大切なことです。

特別支援教育が対象とする発達障害は〝発達障害者支援法に規定される障害〟、すなわち、「自閉症、アスペルガー症候群その他の広汎性発達障害、学習障害、注意欠陥多動性障害その他これに類する脳機能の障害であってその症状が通常低年齢において発現するもの」を指します。従来の発達障害概念に含まれていた知的障害は含まれていません。

これにはいろいろな理由がありますが、端的にいえば、発達障害者支援法、特別支援教育は、従来支援の対象になっていなかったLD、ADHD、アスペルガー症候群を含む広汎性発達障害や、従来支援が十分ではなかった自閉症(知的障害を伴う場合も含む)を支援することを主眼としたため、すでに教育や福祉の分野で法的な対応が整備されている知的障害は「発達障害」の定義の対象には入れなかった、というわけです。

細かいことを言い始めると、私自身もどんどん分からなくなるので、とりあえずここでは「発達障害者支援法や特別支援教育で言う『発達障害』は、アスペルガー症候群を含む広汎性発達障害、ADHD、LDとその近縁の障害のこと。ただし、法律上の発達障害の定義以外に、知的障害等も含めた広義の発達障害概念も従来から存在している」と理解していただければいいと思います。

なお、特別支援教育の対象となる障害は、今までどおりの知的障害、肢体不自由、病虚弱、視覚障害、聴覚障害、難聴言語障害、情緒障害と、新たに加わった発達障害です。

ただ、教育や保育の現場では、特別支援の考え方が行き渡るにつれて、軽度の知的障害やボーダーラインのお子さんも支援の対象として目が向けられるようになって来ており、支援対象の範囲についての論議は今後も続けられる必要があると思われます。

自閉症スペクトラム、ADHD、LDについて

障害名別の解説書はたくさん出ていますが、私は読めば読むほどよく分からなくなります。ですから、ここでは、私がこういう理解の仕方で納得している、という内容をお伝えします。

大きなくくりの自閉症の仲間（自閉症スペクトラム）

自閉症によく似た行動特徴を持つ人たちにつける名前は、お医者さんたちのそれぞれの立場（精神科系か小児科系か、イギリス学派系かアメリカ系かなどなど）によって、まちまちな使われ方をしています。きれいに整理しようとしても、私には今ひとつ腑《ふ》に落ちません。私に分かるのは、彼らは、どういう名札をつけられるかに関係なく、とて

も困っていて、支援を必要としている、ということだけ。

そこで、ここでは、「大きなくくりの自閉症の仲間」という分け方にして、「自閉症スペクトラム」という名前を使うことにします。スペクトラムというのは、「連続体」という意味です。

「大きなくくりの自閉症の仲間」には、自閉症、アスペルガー症候群（障害）、広汎性発達障害、高機能広汎性発達障害、高機能自閉症などの呼び名があってややこしいのですが、こんなふうに理解したらどうでしょう。

もち米と小豆と砂糖を使って作る和菓子にはいろいろなものがあります。もち米の外側をあんこでくるむとおはぎです。逆に、蒸したもち米をついてあんこをくるむと大福と呼ばれます。あんにはつぶしあんもこしあんもあります。ゆるめのあんの中にお餅をいれるとお汁粉です。

名前も、出来上がりの見え方も、甘さの強い弱いも、舌ざわりも少しずつちがうけれども、もち米、小豆、砂糖からできているという本質、「特性」は共通です。自閉症スペクトラムに属する子どもたちも、その「特性」の要素の濃いものから薄いものまで、

100人いれば100通りの特徴があり、その出方も違っているのです。
自閉症スペクトラムによく見られる行動の特徴は、目が合いにくい、人との関係がとりづらい、決まりきった遊びを好む、急な変化に対応できない、体の動かし方がぎごちない、などです。ことばの遅れもよく見られます。達者なおしゃべりをしているように見えてもパターン化されたことばが多かったり、人とこころを通わせるコミュニケーションのはたらきが弱いことがよくあります。

ADHD　注意欠陥多動性障害　attention - deficit / hyperactivity disorder
①注意力障害（必要とされていることに注意を向けられない）
②衝動性（思いついたら前後を省みずに即行動、カッとなりやすいなど）
③多動性（落ち着きなくあちこち動き回ったり、座っていてもそわそわ体を動かす）
が主な特徴です。
『ドラえもん』に出てくるジャイアンみたいな子と言えば、分かりやすいでしょうか。
『新版　ＡＤＨＤ　のび太・ジャイアン症候群』（司馬理英子著）は愉快な本です。

こういう脳の特性を持つ子でも、野山を走り回って獲物を獲る文化の中でなら元気で才覚のある子とほめられるにちがいありません。しかし、幼稚園や学校でじっと座っていることは、まったくもって不得意です。

LD 学習障害 learning disorders または learning disabilities

LDとは、知能は遅れていないし、視力や聴力に問題があるわけではないのに、読む、聞く、話す、書く、計算するなど、学習にかかわる能力に著しい凸凹がある状態のことをいいます。得意教科と苦手な教科の差が激しいので、怠けているとかやる気がないとか誤解されがちです。

書く文字が人並みはずれて汚い場合もあります。そういう場合は、「乱暴」で「ガサツ」な「性格」なのではなく、LDなのかもしれません。

LDも、脳のはたらき方に何らかの特性があることが推測されています。STの対象領域である dyslexia（ディスレクシア＝読み書き障害）は、明らかに脳機能に障害がある場合に起きる状態です。

俳優のトム・クルーズがディスレクシアであるのは有名な話です。苦手なことがあっても、周囲の手助けを受け、優れた才能を伸ばした例として話題になりました。発達障害を理解するための助けになる良い本がたくさん出ています。巻末に紹介しますから参考にしてください。

私だって発達障害？ みんな地続き

発達障害をどう考えるか、についてですが、私は、何でもかんでも「障害」「障害」と言いつのらずに、「特性」ととらえる幅を大きく取ればいいのではないか、と思っています。

私自身もヘンな癖や特性をたくさん持ち合わせています。障害といわれれば障害かもしれないけれど〝ちょっとした癖〟だと思えば、そう思えてもきます。とりあえず、標準的な社会生活はこなしているので、「障害」と言われる必要はなさそうだけれど、細かく見ると、社会に適応する上で苦手なことは数え上げればきりがないほどあります。そういう人たちは世の中にいっぱいいるんだし、あなたも私も発達障害と地続きの場所にいるよ、と考えていけたらいいなあ、と思っているのです。

私は小学校時代は、授業中にあてられると泣いてしまうような子どもで、4年生くらいまでは学校では友だちとも小さな声でしか話をしませんでした。学校では音がうるさいのが苦痛で、終わったら一目散に家へ帰っていました。体育は恐怖の時間。特に球技などは最悪で、逃げ惑うばかりでした。

家族といれば安心で、友だちには興味がなく、本さえあればほかに何もいりませんでした。運動会は、頭がガンガン割れるように痛くなることとセットになっていました。クラスには運動会が大好きな男子もたくさんいましたが、この、頭が割れるように痛いのをがまんして運動会が好きだなんてよく言えるな、と思っていました。

成長してから、大きな音で頭が痛くなるという反応は、どちらかというと少数派の人のものだということを知り、とても驚きました。「特性」というのは、「生まれつきそういうふうにできている」ということで「〝大きな音を聞くと、頭が痛くなる〟というのは変だから、根性で治しなさい」と言われても、治すことができません。

発達障害に関する脳のはたらきは、医学の分野で目下研究中です。どこまで明確な成果が出るのかは未知数ですが、発達障害は「脳の中のちょっとした不具合」で起きることにはちがいありません。

発達障害は、脳の中のちょっとした不具合で起きる

私は、発達障害のことを、お母さんたちに次のように説明します。

脳の中身は電球と電線であると考えてみます。中枢神経系です。このどこかに何か具合の悪いことがある。たとえば、電球の数は全部そろっているけれども、中に粒の小さいものが交じっていたり、電球が横向きに配置されていたり。

電線が通常よりも少し細いので、電気の通り方が弱くて電球が少し暗いとか、隣の電線には電気が漏れないはずなのに、途中に電線の絶縁カバーが薄くなっている場所があって、上がってくる刺激が、上がるべき場所にも行くけれども、途中で隣の電線に漏れてしまって、注意が散漫になりがちであったり。

配線工事の進捗《しんちょく》の速度も関係してきます。人間の脳は、生まれてすぐに明かりがつくように配線工事が終わった状態のところと、電球だけセットしてあるけれど配線がま

だ、のところが交じり合っています。

たとえば、ことばに関しては、標準的には2歳で2語文（「ワンワン、イタ！」などど）を言い始めるとされます。2歳ころには2語文を言うための電球に配線ができて電球がともるのです。でも、中には、2歳ではまだ配線が届かない、途中までは進んでいるんだけど、というお子さんもいるでしょう。2歳6か月になってやっと2語文に到達したとして、その後、まったく問題なく成長していくのなら〝障害〟とか〝障害の心配〟とか言い立てる必要もなく、「おくてだったんだね」と言えばすむことです。

脳幹の部分を拡大してみると、切り替えスイッチがあります。通常はいろんな刺激が入ってきたときに、必要な刺激だけにスイッチを入れて大脳、意識にまで送り込み、そのとき必要のない刺激は、スイッチを切って脳幹止まりにしておく、というような切り替えが上手にはたらくはずなのだけれども、たまたまスイッチが入りっぱなしになっていたり、うまく入らないものがあったり、スイッチがめちゃめちゃな動きをして、通常期待されるような行動が行えない子どもが中にはいるのです。

感覚統合という視点

大脳にまで上げるべき情報は上げ、不要な情報についてはスイッチを切って大脳まで上げないようにしているはたらきのことを「感覚統合」といいます。

たとえば、椅子に座っている場合。空中に浮いているのでない限り、座面に自分のからだの太ももの裏や、お尻の部分が接触して圧迫感を感じます。座っている限り感じ続けているはずです。脳が通常のはたらき方をしていれば、最初に座ったときに「座ると、この重さで、この強さで、この部分が押される感じになるぞ！」という情報が脳に送り込まれ、「はい、分かりました、以後、同じ！　おしまい！」とそこでスイッチを切ってしまうことができるのです。

「椅子の座面と太ももの裏が接触していて…ああ…気持ちが悪い……」と座っている間中ずっとその感覚が意識され、むずむず落ち着かない人もいますが、それは、少数派の反応です。

座っているときに、自分のひざが何度くらい曲がっているかは、わざわざ見なくても分かります。それは固有覚といって、ひざを曲げるための関節や筋肉の張り具合を〝今、

図４　大脳に刺激を送り込む切り替えスイッチがうまく働かない子どもがいる

ひざは90度曲がっています〟〝少し身動きしたから120度くらいに広がりました〟と常にフィードバックしているおかげです。

からだから入ってくるすべての情報を全部脳に送り込んでいたら大混乱、大渋滞になります。ですから、話を聞くときは固有覚のスイッチはいったん切って、聴覚と視覚だけをはたらかせる状態になっています。こういったスイッチの切り替え、感覚統合がうまくいかない脳が発達障害の状態を作っている、というわけです。「切り替えスイッチ」のイメージを109ページ図4に示しました。

感覚統合という視点を知ると、子どもたちの不可解な行動がかなり納得できると思います。『育てにくい子にはわけがある』（木村順）をぜひ読んでみてください。

聞こえていても聞き取れない

発達障害の子どもの状態を想像するには、いろいろな方法がありますが、私はSTですから、ことばにかかわる聞こえ方の例を使って説明します。

発達障害の兆しのある子どもは、「先生が言うことをちっとも聞いていない」と言われます。でも聞いていないのではなく、「よく聞けない」「聞き取れない」のではないかと思うのです。断線したマイクで話を聞くときみたいに、とても聞き取りにくい……。

脳の切り替えスイッチをとりしきる係の小人さんがひどく落ち着きがなくて、必要もないのに勝手にスイッチを入れたり切ったりする状態だったら？　と想像してみてください。そしたら、多分こんなふうに聞こえているんじゃないかしら。

どんなふうか、というと……。

ことばを言いながら、または「あ――」と言いながら、手のひらを口に当てたり離したりする「あーわーわー遊び」ってありますよね。赤ちゃんをあやすときによくやります。

そのように、手のひらを口に当てたり離したりしながら「カレーライス」とか「帽子をかぶって出かけるよ」とか言ってみてください。

音が「あーわーわー」となってしまい、なんて言っているのか、聞き取れません。

こういう聞こえ方の耳（厳密には脳、なのですが）を持っていたとしたら、先生の指示をことごとく聞き取り、そのとおりに行動するなんてできるはずがありません。

聞き取れない。先生の指示どおり行動できない。行動しない。先生は「またか！　よく聞いてないからこんなことになるのよ！」と少しイライラして、「〇〇クン！　早くしなさい！」と一段強い調子で声をかけます。声をかけられた〇〇クンのほうは、アワワワと聞こえるだけで、何を言われているか分からない。でも、先生の声の調子が少し高くなり、怖い感じになったことには気づきます。そして、教室から逃げ出したくなったり、先生に声をかけられるたびにびくっとしたりします。こんなことが重なれば、ゆくゆくは学校に行くのがイヤになったりしないとも限りません。

学校が嫌いになったり、来られなくなったとしても、子どもの側に責任はありません。その子がもしかしたら、ちょっと聞き取りにくい耳（脳）を持っていたかもしれないと想像できず、叱ったり注意したりという対応しかできなかった大人の側に責任があるのです。

では、こういう不要なトラブルを避けるために、通常の学級の先生には、何ができるのでしょうか？

聞き取りにくいという特性を持っているのではないか、注意を向けることが難しいのではないか、ペットボトルを通して見たみたいに文字がゆがんでぐちゃぐちゃに見えてしまう脳を持っているのではないか？　などと仮に想像し、たとえそうだとしても、住みやすい環境をつくる、すべての学校のすべての学級でそういう環境をつくる、ということが大切なのです。

具体的には、目で見て分かるような提示の工夫（視覚的援助）、ゆっくり、はっきり、分かりやすく伝える「ことばかけ」の工夫などです。これについては次の章でお話しします。

特別支援教育はすべての子どものための教育方法の改善を促す

ＬＤのお子さんたちは、音読をするときに、どこを読んでいるのか分からなくなってしまうことが、よくあります。行を目で追っていって、次の行の先頭に視線を動かす際、眼球の動きをうまくコントロールできないことが原因かもしれません。そんな場合は、読んでいる行に物差しを当てて、1行ずつずらしながら読んでみたり、指で1行ずつ追いながら読んでいくという方法もあります。

ある教室では、先生が、こんなふうにしていました。

先生が「じゃあ、ページをめくるよ」と声をかけましたが、ページをうまくめくれない子がいるので、ちょっと待ちます。

先生が「指はどこ?」と言うと、子どもたちは、指を新しいページのいちばん上に置きます。それを確認して「はい、いいですか。じゃあ、1、2の3、ハイ」と言って、1行ずつ読み進めます。

「はい、次は4行目だね。みんな大丈夫かな?」と指で押さえる場所を確認します。

「はい、では1、2の3、ハイ」というふうに一斉音読はスムーズに進行していきました。

こういうやり方で助かるのは、支援の対象となっている子だけではありません。そのクラス全員が、何ともいえず安心した感じで授業を受けることができていました。

特別支援教育は、確かに手のかかる子、気になる子に焦点を当てる教育ではあるのですが、その子が分かるように教えようと工夫をこらすと、授業全体が分かりやすくなり、すべての子どもが安心して生活できる学校になる、と痛感しました。

また、こんな光景もありました。先生の質問に対して、ひとりの子どもが答えようとしたのですが、クラスがざわざわして聞こえそうもなかったのです。

そういうとき、10人のうち9人の先生は「みんな静かにして」という声かけをしますけれども、その先生は、そうしませんでした。

「今度はだれが話すのかな」と聞きました。

ざわざわしている子たちはそのままでしたが、何人かが「△△くん」と答えました。

先生は「そうだね、△△くんが話すんだね。ほかのお友だちが話すときには、みんなはどうするのかな」と聞きました。そのころにはざわざわしていた子もだいぶおさまってきて、今度はかなりたくさんの子が「聞きます」と言うのを受け、先生は「そうだね。じゃあ△△くん、どうぞ」と言いました。このころには、クラスがシーンとしていて、発言がよく聞こえる状態になっていました。

特別支援教育の真髄がここにある、と私はとても感動して帰りました。

子どもたちに指示し、言いつけどおりに行動させることをめざすのではなく、子どもたちに考えさせ、子どもの中にある力を引き出し、遅れぎみの子が遅れないですむような工夫をして、クラス全員で気持ちよく作り上げる授業、という意味で。

ステキな保育や授業の例の載っている本を巻末に載せました。

また、ある中学校のコーディネーターの先生はこんなことを話してくださいました。

以前、難聴の子どもがクラスにいたことがある。ホームルームのときなど話をしながら、その子をいつも気にして、「伝わったかな?」と確認していた。その子の顔にはてなマークが浮かんでいたら「分からなかったんだ」と思って、少しゆっくり言い替えてみたり、板書したり、今思えば〝支援〟をしていた。でも、その子が担任クラスではなくなったとたん、昔どおりの早口になってしまい、本当に子どもたちには迷惑をかけていると、ときどき反省している、とのことでした。

特別支援教育は、一部の〝特別な〟子どものためではなく、すべての子どものための当たり前の教育であり、発達障害や発達障害かもしれない子をきめ細かくフォロー、サポートすることを通して、学校の先生の構えや学校教育を中身から変えてゆく契機になりうる、すてきな試みなんだ、と理解していただけるとありがたいと思います。

とはいえ、予算がつかず、先生の数が増えず、40人学級の制度のまんま、「やれ」って言われても、現場の先生の負担は重くなるばかり、という実態は解決すべき課題です。

発達障害＝神経系が「そういうふうにできている」

子どもの育てにくさ、不可解な行動も、子どもが悪いわけでもないし、親が悪いわけでもない。神経系のはたらきが「そういうふうにできている」から「しょうがないんだ」ということを関係者同士で最初に共通認識できるといいなと思っています。

つまり、中枢神経系の電線とか電球とかスイッチ切り替えとかがうまくいかなくて、外界のとらえ方が、ひずむ。音が「あわわわわ」としか聞こえなかったり、見るのもペットボトルを通して見たようにぼんやりしたり、本当はあれを見たいと思っているのに眼球の向きがうまくあやつれなくて、別のほうに向いてしまう、とか。

「行動が乱暴で、がさつで困るんです」と言われるお子さん。積み木の箱を運ぶときに床にガシャン！　と置く。積み木をしまうとなると箱にバンバン投げ込むのだそうです。

確かに性格が〝がさつ〟で〝乱暴〟なために投げたり、ガシャン！　と置いているのかもしれません。でも、もしかしたら、指の1本ずつの筋肉の動きを微調整する命令が、脳から指にうまく届かないために、〝そーっと置く〟ために必要な、たくさんの筋肉を同時に微調整しながら指を徐々に開いていく、という動きがうまくできないのかもしれません。微調整ができないと手を「開くか！」「閉じるか！」と、100か0か、という動かし方しかできません。そのため、積み木を持った指がパッと開いてしまい、結果的に投げるみたいな動きになってしまうのです。

神経系の不具合があるとすれば、「そーっと、よ。そーっと、よ」とことばでの注意を繰り返したからといってできるようにはなりません。体じゅうの筋肉の使い方、動かし方を全部調整した上で、やっと器用な動きが導き出せるのです。乱暴なのではなくて、不器用なのかもしれない、神経系の不具合がベースにあるのかもしれない、と考えてみていただきたいのです。

うまく注意が向けられないのも、電線への電気の通り方のうまくいかなさや、スイッチの切り替えの不全が根底にあり、流れてきた電気信号が、あっちの電球にも、こっちの電球にも流れ込むとすれば、あらあらあっちもこっちも、とどんどん注意散漫、落ち着きなくなってしまうのも、ある意味やむをえないことです。

「困った子」と言われる子は、本当は「困っている子」なのです。

考えてもみてください。もしも、まわりの人の言うことがみんな「ワワワワ…」としか聞こえなくて、意味が分からなかったとしたら？　なのに、1時間もじっと座っていなければならないのだとしたら？　と。

イライラしたり、抜け出したり、隣の子をつっついたりしたくなっても当然だと、思いませんか？

そういうわけで、神経系にうまくはたらかないところがあると、大人から見て、不可解、不適切、望ましくない行動が起きてしまうので、いきおい、「どうしてできないの！」「ちゃんとしなさい」と注意されたり、叱られたりして、心理的に不安定になるし、うまくいかなくてイライラする。本当は自分だってパジャマのボタンをうまく留めたいと思っているのに「どうしてこんな簡単なこともできないの！」と叱責されれば、「自分はダメなやつだ」と思ってしまったり、ムシャクシャの腹いせにそばにいる子を突き飛ばしたり、負のスパイラルにはまり込んでいってしまいます。

そうならないために、まず、まわりの人が、子どもの行動を「もしかしたら、そういう神経のはたらき方になっているのかも」と理解することが大切だと思います。そのためには、脳のはたらきをしっかり勉強してきたSTやOTなどのセラピストの存在が役に立ちます。

「困っている子」は支援が必要な子です。対処したり指導したり訓練したりする前に、その子の立場に成り代わって理解する、理解しようとする態度を持っていただけたらなぁ、と思います。

また、通常の、定型発達といわれるお子さんたちだって、みんなどこかしら、何かしらの弱みは持っていて、何らかの支援が必要です。ひとりずつの子どもたちをていねいに見て、「支える」「押し上げる」「寄り添う」スタンスで育てようとしてくれる大人たちに囲まれたら、子どもたちは、どんなにしあわせでしょう。

発達障害かもしれない――どういうふうに接したらいいか?

発達障害は神経系が「そういうふうにできている」のだから「しょうがない」みたいなものだ、と書きました。でも、「しょうがない」から放っておくしかない、というわけではありません。できることはあります。

それは、二章で出てきた、「ことばのビルを建てる暮らし」「発達をうながすようなていねいなかかわり」を意識的に行うことです。

早寝早起き朝ごはん、寝る子は育つ、よく遊びよく学べ、好きこそものの上手なれ……。生活リズムを整え、体を動かしてよく遊び、遊びと集中する時間とのめりはりをつけ、興味を持てる題材を見つけて自分から取り組み、励ましたり認めてくれる大人がまわりにいてくれること……です。

「落ち着きがなく」「衝動的で」「注意散漫」と言われるADHDですが、すばらしい長所を持っていることも少なくありません。それは、純真で素直、これは、と思うことに一直線に取り組む集中力、などです。こういう長所がゆがめられることなく、良いほうに伸びると、ステキなことが起きるでしょう。そのために決定的に大切なのは、まわりの人たちのポジティブな態度です。

ADHD当事者団体の「えじそんくらぶ」を立ち上げて、精力的な活動を行ってきた高山恵子さんが、その著書『おっちょこちょいにつけるクスリ』の中でこんなエピソードを紹介しています。
高山さんは、よくしゃべる子どもだったので、保育園のときに劇の準主役をまかされて張り切って舞台に立ちました。でも、カメラのフラッシュをあびて、頭の中が真っ白になって、セリフをすっかり忘れてしまったのです。

そこで私はどうしたか。隣の子に「なんて言うんだっけ」と聞いたのです。
すると観客はドッと大笑い。それでも私はニコニコして演じ続けました。
劇が終わり、舞台から下りた私を出迎えた先生は言いました。
「よく人に聞けたね」。
そして「みんなが笑ったのに続けられて、えらかったね」と褒めてくれたのです。
これは、私の人生においてすばらしい教訓となりました。
「失敗してもいいんだ」ということです。
ADHDがあると、失敗しない日はありません。
「失敗しないように、がんばれ」と言われるのは非常に辛いのです。

人に助けを求める、わからなかったら聞けばいい。
このことを四~五歳という早い時期に学べたのは、すごく大きかったと思います
（『おっちょこちょいにつけるクスリ』より）

日本中の、ちょっと苦戦している子が、高山さんの先生のような先生に会えたらいいですね。

障害のあるなしにかかわらない、望ましい子育て

障害があろうとなかろうと、望ましい子育ては基本的に共通です。
からだが元気で、心がすこやかで、安定・安心が守られているような、つまり普通の暮らしをていねいに行い、「ことばのビル」を建てるような暮らしをしてください、ということに尽きます。
何らかの障害があったり、電線や電球に不具合なところがあったりするお子さんは自分でもとても当惑したり、困ったりすることが続出します。

そこを怒られたり、せかされたりすることなく、見守り、助けてもらえること。安心して失敗でき、できないことは、手助けしてもらえるだろうと、まわりの人たちを信頼できていること。

何度も強調してきたように、大切にすべきなのは、規則的で安定した生活リズムをつくり、安心感の中でコミュニケーションを育てること、ただただこのことに尽きます。

そしてこれは、発達障害がある〝から〟大事なのではなく、すべての子どもが育っていく上で基礎になる、からだとこころの栄養として、とても大切なことなのです。

第四章

子どもとの向き合い方、歩き方

子どもと遊ぶ

「ただ遊んでるだけなんですね！」

指導場面を見学に来た方によくこう言われたものです。その前に「なーんだ……」がつきそうです。どんなにセンモンテキなことをやっているのかと思ったら、なーんだ、あてが外れたーっていう感じなのでしょう。

私としてはちょっと苦笑い。そうですよねー、そう見えますよねー、と口ごもります。でも「ただ遊んでる」わけではありません。いろんなことを考えて、頭の中はフル回転しています。

もっとも、「楽しく遊んでいる」ように見えたとしたら、喜ぶべきことかもしれません。達人とは、難しい仕事をいとも簡単そうにこなす人のことだ、といいますから！

最初にお断りしておきますが、子どもを対象とするSTの中にも、いろいろなやり方、いろいろな考え方があります。「自由な遊びよりはむしろ制限のある場面で、しっかり学習する態度を身につけてもらおう、そこから、〝ことば〟や〝コミュニケーション〟への構えができるから」という指導をする場合もあります。最初、かなり強引に机に着いて座ることを強制され、子どもがイヤがったらやめさせようと思っていたけれど、何回か通ううちに子どものほうからいすに座りたがり、熱心に課題に取り組むようになり、ことばの面でも伸びてきた、という場合もあります。「机の上」という限られた面積の場所で、提示される刺激（絵カードの場合も遊具の場合もあるでしょうが）は一度にひとつだけ、という限定された場面は、お子さんによっては、とても学びやすい場にもなりうるのです。

ただ、こういった机上課題は、取りかかるのが簡単で、いかにもセンモンテキに見えるため、子どもの気持ちが二の次になってしまう危険性もはらんでいます。座っていることを無理強いした結果、いすに座ること自体への拒否感を強めて幼稚園で困るようになったり、絵カードを見ただけで泣いたり暴れたりするようなら、やり方を見直す必要があります。

お子さんによって、お子さんの発達段階に合わせて、いろいろなやり方を自在に使い分けることができたらいいのだと思います。

「白い猫でも黒い猫でも、ネズミを捕るのは良い猫だ」。中国の要人が言ったということばのとおり、STはどんなやり方をするにせよ、最終的に、子どもがことばやコミュニケーションの力をつけ、外界を理解しやすくなり、社会と交わることがラクになり、しあわせな人生を送る手助けができればいいのですから。

私は、今のところ、3か月に1回とかせいぜい2か月に1回という低頻度の「相談」という枠組みでしかお子さんに会えないので、カッチリした学習の積み重ねは最初から目標にしていません。もっぱら、自由に遊ぶ中で、子どもの興味や発達のようすを見極め、特性を知り、それを保護者に伝えて「おうちではこういう遊び方、こういう接し方をするといいのではないでしょうか」という提案につなげたいと思うからです。

で、私の仕事は、ともかく遊ぶことです。子どもと、楽しく。

遊びをせんとや

平安時代末期に編まれた歌謡集『梁塵秘抄《りょうじんひしょう》』に有名な歌があります。

「遊びをせんとや生《う》まれけむ／戯《たはぶ》れせんとや生《む》まれけん／遊ぶ子供の声聞けば／わが身さへこそ揺《ゆ》るがるれ」（『新編日本古典文学全集』より）

そう。子どもは「遊ぶために生まれてきた」んです。そうにちがいありません。大人をみんな、放っておいても、そのへんの何でも、みんな遊びの材料にしてしまいます。みんな、遊び相手に仕立て上げます。

ところが、中に、なかなか遊べないお子さんがいます。遊びが見つけられない、遊びが長続きしない、遊びを楽しめないお子さんたちです。

遊べない理由はさまざま。

触覚が過敏で人と近づきたくない。さわられるとぞっとする。さわられるかもしれないと思うだけでもイヤなので、離れたところからじーっと観察。

おもちゃにさわりたくない。だって、手のひらにくしゃくしゃしたいやな感じがするから。

からだを動かすとめまいのような、ジェットコースターに乗ったときみたいな状態になってしまう。とっても不快。なので、それを避けるために部屋の隅でじーっとしている。これは脳の電線や切り替えスイッチがうまくはたらいていないため。

ままごとと包丁の関係がつかめない。包丁の持ち方が分からない。ミニカーってどうやって遊ぶものか分からない。だから、ぴかぴか光って丸いところ（タイヤ）をくるくる回してそれでおしまいにする。

何もすることが見つからない。でも、じーっとしてると脳が「刺激不足！　何か情報を送り込んで！」って内なる声（?）で伝えてくる。だから、部屋の中をぐるぐる走り回る。部屋の中でピョンピョン飛び跳ねる……。

指を口の中に入れてなめていると何となく落ち着く。でも、片手が口の中に入っていると、両手を使った遊びができない。いきおい、まわりを眺めているだけ、になってしまう。

ボールを転がしたのを取りにいこうとしたのだけど、視野の片隅にクルマが見えたとたん、ボールのことがアタマから消えてしまった。クルマで遊ぼうと思ったその瞬間、廊下に足音が！　これは何だ？　とドアのほうにすっ飛び移動。

などなど、子どもの側に視点を移すと、「遊びが見つけられない」「遊びが長続きしない」のには、それぞれのよんどころない事情が隠されています。

そこで、お任せください！　子どもSTの出番です！

私たちと一緒に見つけようね、遊びへの入り口を。

遊びの世界には、本当に楽しいことがいっぱい待っているよ！

そう思いながら、子どもたちを待ち構えているのが私たち子どもＳＴです。事実、あれこれトライしながら一緒に遊び、楽しめたときの子どもの輝くような笑顔といったら！　これが見たさに、私たちはＳＴをやっているのです。

遊びの中で育つ、本当の体力、知力、ことば力

「遊んでばかりいないで勉強しなさい！」は、大人の口癖ですが、本当は遊びこそは、子どものからだとこころと知力、全部への栄養になる、何よりの勉強です。

子どもは遊びの中でからだを使います。からだを動かしてみることで、からだの使い方を知り、ボディイメージが獲得できます。

子どもは遊びの中で自発的にエネルギーを発散します。発散するからこそ次のエネルギーが入ってくる余地が生まれます。

命令されてやらされることばかりが続き、反抗もできずにどんどん溜め込む一方だっ

たら、ドカーンと一発、どこかで破裂してしまいます。

子どもは遊びながら世界の仕組みや成り立ちを学びます。

こういう形のものを押したり引いたり落としたりしたらどうなるのかな？　引力や力学の法則をからだで覚えます。

自分で試して自分のからだで覚えるから「身につく」道理。押しつけられた知識は長持ちしない。まさにつけ焼き刃だからです。

こういう姿格好の人にこう近づいたらどういう反応が返ってくるのかな？　こういう表情の人にこういうかかわりをしたら、どうなのかな？

人とのコミュニケーションについての法則、力加減、あうんの呼吸も、遊びの中で学びます。お父さんに飛びついてじゃけんにあしらわれたら、今度は別の飛びつき方を試してみればいい。

遊びは、「運動学」「認知心理学」「神経生理学」「図形」「数学」「音楽」「図工」「国語」「音声学」「コミュニケーション学」「社会関係論」などのすべてを駆使する総合的学問の機会なのです。

遊びには失敗がない。何回でもお試しOK

遊びには「失敗」がありません。

失敗も遊びのうち。たとえば、積み木。高く高く積もうとする。8個目が乗った。次は9個目。うまく乗せられるかどうか、さあ、気をつけて。そ――っと。あ―――っ‼　ガラガラガラ！　もうちょっとだったのに、崩れちゃった。よし、もう1回。

1個、2個……。エンドレスに繰り返すことができます。はっきりした「失敗」「成功」があるわけではなく、プロセスのすべてが遊びであり、学びでもあります。結果の評価ではなく、《今》《ここ》のプロセスを楽しむこと。それが遊びです。

何回繰り返してもOKです。ここまでやったら、というゴールが決められているわけではありません。やりたい限り、何回でも繰り返すことができます。自分からチャレンジしているときは、1回ごとに上達していくのが不思議です。そして、満足するまで遊べたときは「はぁー」とかわいいため息をついて、次の遊びに移っていきます。

遊びには、本来、時間制限はありません。「3時までね」と決めるのは大人の側の勝手な都合。「じゃあ、そろそろおしまいにして……」と声をかけると心外そうな顔をして「ヤダ、もっと遊ぶ！」とべそをかいたり暴れたりする子を部屋から送り出さなければならないたびに、残念な気持ちになります。

コマ回しや縄跳びの練習をしたころのことを思い出してください。自分からやりたいと思い、自発的に練習しているときは、それ自体が遊びであり楽しみになります。たとえ、「まだ」うまく回せなくても。一生うまく回せなくても。

できないことをバカにされたり、責められたり、ほかの子と比べられたり、上達を強いられたりすると、その瞬間、それまで楽しい遊びだったことが苦行に変わってしまうのですけれど。

「自分から進んで」が大事

早期療育事業や、障害のある子どもの通園事業などで、「自分のやりたい遊びを見つける」とか「やりたい遊びを楽しめる」とか「じっくり遊び込む」などがその子の目標としてあげられることがあります。

そして、その目標に対するスタッフの対応の注意点として「やりたい遊びにていねいにつきあう」とか「身振りやサインで示す〝やりたいこと〟をしっかり受け止めていく」などがあげられます。強制したり、リードして遊ばせたりするのではありません。そこが大切です。

元気の良すぎる療育スタッフがいる機関で、考えたりぐずぐずする暇も与えられずに、次から次へと〝遊ばされている〟子ども（しかも一見楽しそうに）を見かけて、「ちょっと、待って！」と言いたくなることがあります。

テーマのある療育や、到達目標がはっきりしている身辺自立（衣服着脱、排泄、食事）などの時間には、自発的な動きを待ってあげることはなかなかできません。人数の多い幼稚園や保育園などの集団ではなおのことです。

せめて、遊びの中では「自分からやりたいことを見つけ」「自分で納得するまで遊ぶ」貴重な機会を保障してあげたいものです。

遊びの1コマずつが、今ここでの「自己実現」であり、これからずっと続く「自己決定」を支えるはずのものだからです。

「自立」とは、何もかも自分ひとりでこなすスキルが身につくことを意味しているとは思いません。できない部分は、遠慮せず人の手助けを受けてもOK。自分で選び、自分がはたらきかけ、そして、その結果は自分が引き受ける。

そういう「気持ち」の自立は、自由な遊びの時間を思う存分保障することなしに育つはずがありません。悪しき成果主義が子育てや療育や、教育の分野にまで入り込んできているように感じられる今日このごろ。せめて、子どもたちの遊ぶ権利を守ってあげたいと思います。

「君は子どもと遊べるかい？」

発達障害の兆しがあったり、ことばが遅かったり、何かの心配を持ってSTのもとを訪れる子どもたちは、遊べないことがほとんど。

ですから、私たちSTは、子どものようすをよく観察することから始めます。

視線の向かう先。

姿勢。からだの向き。

指さし。手を伸ばす先。

おもちゃとお母さんを交互に見るようす。

おもちゃに近づこうとする。

おもちゃにさわる。

など。

「君はこれがやりたいの？　ふ──ん、そうか、じゃあやってみようか」

「これで一緒に遊ぼう。楽しいね！」

「ねぇ、これはどう？　あ、これはダメなのね、はい分かった、こういうやり方がよかったのね、分かったよ、おもしろいね‼」って、こころの中で子どもによく聞きながら、一緒に遊ぶことが大事なのだと思います。

教える―教えられる関係ではない、対等な関係の中で。

楽しさの中で育つコミュニケーションが学習の基礎を作ります。人との安心できる関係を療育やSTとの遊びの中で体験した子どもが、年長さんや就学後の時期に驚くほどの成長を見せてくれるのはそのためです。

ある職員が、旭出《あさひ で》学園に就職したいと面接を受けたとき、三木先生に「君は子どもと遊べるかい?」と聞かれたそうです。考えれば考えるほど、奥の深いことばです。

私は子どもと遊べているかな?

自分に聞きながら、さらに遊びの腕を磨きたいと思っています。

仕事が遊び、遊びが仕事。

「なかなか上達しないんですワ、これが。いやはや」とか言いながら結構楽しんでいる私がここにいます。

STって、本当におもしろい仕事なのです‼ ゆけどもゆけどもゴールがない、それが魅力です。

共同注意と「ことばかけ」

共同注意とは

ジョイントってありますよね。組み立て式の収納家具をふたつ横に連結したり、カーテンレールを2本連結して長くしたりするときに使う金具、それがジョイントです。

ジョイント・アテンション（joint attention）ということばがあります。アテンションをジョイントする、直訳すると「注意の連結」ですが、これが「共同注意」です。

私たちの日常でも、共同注意は年中行われています。

たとえば、道で出会った人が「きれいに咲きましたなあ」と桜の花を見上げれば、相手も「ほんとに」とその桜を見上げます。ふたりの視線は両方とも桜のほうに向けられます。視線（眼球）が桜のほうを向いただけではなく、眼球の持ち主の注意（アテンション）も桜に向いています。注意を向けさせているのは、脳です。

「桜」を仲立ちとしてふたりの「注意」「気持ち」が「連結」されていること、これが共同注意です。

「ちょっと」と課長に呼ばれました。「この書類の、ここのことなんだけど」と課長の指先が書類の1行を指さしているとき、あなたは課長の人さし指のつめの形をじーっと観察したりせず、課長の指さす1行に目を向けますよね？　それも共同注意です。

このように、同じ物を見ることを「視覚的共同注意」（ビジュアル・ジョイント・アテンション）といいます。

聴覚的な「共同注意」

視覚だけではなく、聴覚的な共同注意もあります。「ことば」のはたらきは、実はほとんどがこの聴覚的共同注意に支えられているといっても過言ではありません。

和菓子屋さんの前で。ショーケースを見たお母さんが「おはぎ食べたいね」。お嫁さんも「おはぎ？　ああ、いいですね」

相手の発声に注意を向け、聞いて、そのことばを共有すると会話が成り立ちます。同じお店の前でも、聞き手が気もそぞろな場合は共同注意が成立せず、会話がかみあいません。

中年の夫婦。夫のほうは道の反対側をヨロヨロ走る自転車に気を取られている。妻はお店のショーケースをきょろきょろ。

妻「あ、桜餅売ってる。ねえ、食べたくない？」

夫「……」

妻「ちょっと、聞いてるの？」

夫「は？　何？」

妻「桜餅を買おうかなって言ったのよ。全く、上の空なんだから……」

夫は自転車に気を取られていたために、聴覚的な共同注意が成立しなかったのです。

「気を取られる」とか「気もそぞろ」「気が散る」という場合の「気」は、注意（アテンション）の意味です。

「注意欠陥多動性障害」の場合の「注意」も同じ意味です。

「ことばかけ」は大人が子どもの興味（注意）に合わせて

ことばを育てるためには「ことばかけ」が大切ですが、「ことばかけ」においても共同注意の成立が必須の条件です。

お母さんが「あら飛行機よ、ほら飛行機！」と空を指さしても、そのときバギーに乗った坊やが道端の犬に「気を取られて」いたら、「飛行機」という「ことばかけ」をしてもらったことにはなりません。注意がそちらに向いていないのですから。

小さい子はひとつのことにしか注意を向けられないことが多いもの。何かを見ているときには見ているものだけに注意が向き、お耳はお留守。音を聞いているときには目はお留守になる、といった具合。子どもに限らず、イヤホンで音楽をがんがん大音量で聞いて道を歩いている若者も、視覚的には注意レベルが下がっている可能性大です。

小さい子どもでも、大人でも、「自分から注意を向けたもの」に関しては「見る」と同時に「聞くこと」ができます。だからこそ「子どもが注意を向けているものについて話しかける」ことが大事なのです。

大きくなるにつれて注意の向け方も進歩します。それまでは「ほらほら見てごらん」と注意を〝向けさせられたとき〟には、「見る」ことがやっとこさで、「ことばかけ」はあまり効果がないことも多いのです。

2歳代の小さい子や、ことばの遅い子、発達障害かもしれない子、大人からのはたらきかけになかなか応じてくれない子については、「注意を向けさせて」「話しかける」ことより、「子どもの注意や興味に大人が合わせて」、それについて話しかけることが有効です。

自閉症スペクトラムの子たちの多くは、共同注意が苦手です。「ほら、大きなカブだよ」と絵本の絵を指さしているのに、読み手の顔をジーッと見ていたり、読み手がはめている腕時計に注目していたり……。

この子たちはそのほかにも「視線が合わない、合いにくい」という状態をかかえています。

定型発達の赤ちゃんの共同注意の発達の研究によれば、「赤ちゃんと大人がしっかり視線を合わせて」から「大人がほかのものに目を移す」と赤ちゃんもその大人の視線の方向を追って自分の視線を移す、ということが分かってきました。「ふたりで視線を合わせる」ことが「視覚的共同注意」の成立に必要なのです。

自閉症スペクトラムの子たちの「目が合わない」「しっかり目を合わせられない」という障害が、その先の共同注意の発達を困難にし、ことばの獲得をも困難にするのは無理もないことと思えます。

なぜこの子たちは視線が合いにくいのでしょうか。「こころを閉ざしているから」との心因説は否定され、何らかの生理的要因、つまり、「脳の中での何らかの不具合があると推測される」ところまでは分かってきたものの、まだ確たる答えはありません。

何にせよ、自閉症スペクトラムの子たちに対しては、恐怖感を持たせないように、子どもに「これでいい？」と聞きながら、一緒に楽しく生活し、遊ぶ中で、視線が合いやすくなったり、共同注意が成立しやすくなる、ということだけは確かです。

子どもの好きな遊びを見つける。そして、控えめに、控えめにその遊びに「交ぜてもらう」というスタンスで関係を作っていくことは、とても楽しいものです。

発達初期の行動を共同注意と関連づけて実践的に研究した興味深い本を紹介します。

『発達障害の早期支援』（大神英裕著）

子どもにとってうれしいかかわり

子どもとの話し方

ことばかけの方法は、迷いの多いところだと思います。「正解」はありませんが、私たちSTが気をつけているポイントを6つお伝えします。

ここでは、おおむね1、2歳から3歳代の子ども、また、ことばの遅い子、障害のある子、障害があるかもしれない子を念頭に置いています。

① ゆっくりの話し方で

Q なぜ「ゆっくり」の速度が必要か？

A 小さい子どもや障害のある子どもの聞く力、聞き取る力は未熟だから。

ことばの音を脳が受け取る（認知する）ためには、空気中の音の波が鼓膜を振動させ、鼓膜の内側（中耳）の「つち骨、あぶみ骨、きぬた骨」という3つの耳小骨が動き、耳の奥のほうで、物理的振動波が電気信号に変換され、その電気信号が神経（電線）を通って大脳皮質の聴覚領（頭の左側、耳の後ろあたり）に伝えられる、というとても複雑なプロセスを経ています。その上、音の大きさ、高さ、長さ、音の順番など、さまざまな要素を細かく分解して、正確に伝えなければことばとして理解できないわけですが、子どもはこの仕組みがまだ完成していないため、ゆっくりの速度でないと聞き取りにくいのです。
英語で、早口でぺらぺらぺらとしゃべりかけられるとお手上げだけど、ゆっくり話してくれれば分かるのと似た状態と思ってください。
毎日聞いている母国語なのに、とか、もう大きいのに、というのは大人の勝手な考えで、子どもの脳の中の配線工事はまだまだ未完成です。

② はっきり話す

Q なぜ「はっきり」が必要か?

A 耳の「聞き取り能力」が未熟だから。

日本語の音は「子音＋母音」で成り立っています。「か /k/a」と「と /t/o」ほどちがいが際立っていれば聞き間違いは少ないものの、「そ /s/o」と「と /t/o」は母音部分が同じなので聞き間違えやすい。しかも、自分が知っていることばに引き寄せて解釈するので、「お粗末 /s/o/m/a/ts/u/ さま」と言われて「おトマト /t/o/m/a/t/o/ さま?」

と目を白黒させたりします。

また、話しことばのひとつずつの音はその前後の音に影響されて、微妙に変化します。これを「音のワタリ」と言います。「積み木」の「つ」と、「つらい」の「つ」はごくわずかですが、ちがう音になっています。コンピューター合成音の駅の乗り換え案内がどことなく不自然なのはこの「音のワタリ」が人間ほどうまくできていないからです。

そんなわけで、音と音とのつながり具合をはっきりさせ、どういう音で成り立っている単語であるかを際立たせるために、「口を大きく開けて」「明瞭な発音で」「はっきり」話すと、子どもは聞き取りやすくなります。

③ 繰り返しを多く

Q 繰り返しはなぜ必要か？

A 一度にたくさんのことを理解したり覚えたりできないから。

「いちご」と言われて「苺」と分かるのはなぜでしょうか？

「い・ち・ご」の音を3つとも全部覚えた上で、脳内の辞書の「いちご」の項目から「赤くてちょっとすっぱくてやわらかい、いいにおいのおいしい果物」という内容を引き出す（「参照」）ことができて初めて「いちご」ということばが理解できます。

小さいうちは、脳の辞書を参照し終わるまで3音節以上の音を覚えていられない、と想像してみてください。「いちご」の「ご」を聞くころには「い」と「ち」を忘れてしまうのです。そうなると「（いち）ご」なのか「（りん）ご」なのか、はたまた「（おだん）ご」なのか分からなくなってしまいます。

1回目の「いちご」の「ご」あたりが残っているうちに続けてもう一度「いちご」と繰り返し聞かせてもらうと、記憶が容易になり、理解しやすくなります。

文章の場合も同じです。

④ なるべく短い文章で。話題の中心のことばを強調する

Q なぜ短い文章で？

A 聴覚や記憶（把持《はじ》）力が未熟だから。

文の構造を知るための入門としては短い文章が好都合。

「おさらあらったらままとおんもいこうね」と一気に長い文章で言われると「らあら？たらま？　とんも？　もいこ？・？・？・」と迷ってしまいます。「おんもに行こうね」「ママと、ね」「おんもに」「今、お皿洗ってるから」「洗い終わったら、行こうね」「そう、おんもに行くよ」とゆっくり、はっきり、分かりやすい短い文章で繰り返します。

短い文章のほうが、「ママと行く」とか「おんもに行く」など、ことば同士の関係、テニヲハ（助詞）の使い方、主語と述語の順番、動詞の活用形、接続詞の使い方などが見えやすいので、自然に理解し、覚えることができます。

また、単語や、文章の切れ目で少しだけ「間」をおくと、さらに分かりやすくなります。

⑤　視覚的手がかり（目で見える工夫、ジェスチャー）や実物を示しながら

Q　なぜ、ジェスチャーや実物がいいの？

A　聴覚（刺激）よりも視覚（刺激）のほうが永続性があり、確実なので、注意を向けやすい。

ことばは発せられた次の瞬間には消えてしまいます。聞き手の脳の中に記憶（把持）されなければ、なかったと同じことです。しかも小さい子の聴覚把持力は大変未熟で聞いた音をすぐに忘れてしまいますし、注意の向け方が散漫なので、なかなか「ちゃんと」聞くことが難しいのです。

それに対して視覚的なものは、気づくまでずっとそこに存在し続けます。「バイバイ」とことばだけで言われた瞬間に、空の飛行機に気を取られていたら、音はまったく聞こえません。でも、「バイバイ」と大人が手をひらひら振っていてくれると、4、5回目ではっと気づき、自分もバイバイしたりできます。

おやつのいちごを「いちご」と、いちごを持ち上げて子どもに示しつつ「食べようね」と言ったりします。ほとんど無意識の動作ですが、こうすることで、子どもが注目してくれます。「視覚的共同注意」は物の名前やことばを覚えたりする上で決定的に大事なことですが、まず物を見せる（視覚的刺激を提示する）のは注意喚起にもなり、「目で見る→注意が向く→ことばを聞く」流れを作り出すために有効なやり方です。

指さしながら

指さしも、何に注目すればいいかを伝える上で、大事な配慮です。

絵本を見ている子を後ろからのぞき込みつつ「かぼちゃ、だね」というのも悪くはありませんが、その絵を指さしつつ「かぼちゃ、だね」と言うのは、話の焦点をはっきりさせる上で役に立ちます。ただ、くれぐれも、子どもがその絵に興味を持っていることを確認した上で、にしてください。

「ことば」（音声言語、speech）にこだわらず、ジェスチャーやサインなど、何でも使って、ともかくも子どもとコミュニケーションをしようというのが、世の大きな流れになってきています。

⑥ 行動の始めと終わりをはっきりさせることばかけ

Q なぜ？

A 注目をひきつける効果がある。

「始め」と「終わり」の間に行われることが「主題」であると分かります。

衣服やくつの脱ぎ着のときに「はい、おくつはこうね」「はい、はけました」とことばをかけますね。

「はい（始めるよ）」は注意をひきつける効果があります。そして、「はい（できました）」で終わるまでの間に行われたことが主題、つまり「くつをはく」という一連の動作、イベントである、ということを分かりやすく伝えています。

何に注目したらいいのかを伝えつつことばをかけるという点で、これも大事なことです。

身振りやサインも大切なコミュニケーション手段

言語発達のいくつかの法則の中に「言語理解は言語表出に先行する」、つまり「分かるのが先、言えるのはあと」ということがあります。

最近聞くようになった「ベビーサイン」はその法則をふまえ、「まだことばを言えない、だからきっと分かっていないんだ」ではなく「もう分かっているんだよね、でも、まだ言えないいんだよね」という態度で赤ちゃんに接しようとしています。

ことばを表出するには脳の精密な命令と、脳の指令どおりに動く舌や唇が整備される必要があります。この発声発語能力が整わず、「理解」と「表出」能力に大きな乖離《かいり》がある時期の赤ちゃんは、かなり、イライラ状況と言えるでしょう。

しかし、幸いなことに大部分の赤ちゃんは、徐々に「ことばを話す」はたらきを獲得し、イライラ状況から脱するのにそれほど長い時間はかかりません。ですから、この問題はあまり重要視されてこなかったのでしょう。

障害のある子どもたちと補助代替コミュニケーション

が、障害を持つ子どもたちはそうはいきません。「分かっているのに表現できない」

苦しさと長い期間つきあわなくてはなりません。

従来は「障害のある人を訓練して、何とか正常に近づけ、社会参加させることが大事だ」という考え方が主流だったため、「何としてもことばを話すように訓練する」という考え方に傾きがちでした。

ところが、障害をめぐる考え方が大きく変わり、自分たちが「正常」として疑うこともなかった多数者の側の構えを問い直し、障害のある人にとって無理のない方法、サポートないしケアの方法を考えようとする風潮が強まってきました。聴力障害のある人が手話を使うのは当然、というふうになってきたのもそのひとつです。

一方的に多数者の側に引っぱり寄せるのではなく、障害者の側に身を寄せて考えてゆこうとする中で出てきた考え方のひとつがＡＡＣ（Augmentative and Alternative Communication 補助代替コミュニケーション）です。

これは、音声言語の代わりに、絵カードや、パソコン、ジェスチャー、絵文字、指文字など、あらゆる手段を通じて、気持ちを伝え、コミュニケーションを図る、というものです。

また、自閉症のお子さんに対して筆談援助というスタイルで、さまざまな取り組みが行われ始めています。参考になる本を紹介します。

『言えない気持ちを伝えたい』（筆談援助の会編）
『この地球《ほし》にすんでいる僕の仲間たちへ』（東田直樹・東田美紀著）

音声言語を獲得させたい、ことばを話してほしい、と思うのは親ごさんの自然な願いですが、その願いがかなわない子どももいます。そんな子が何らかのＡＡＣ手段で気持ちが通じた、分かってもらえたときに示す満足そうな表情は、実にステキです。「ヒトは分かりあいたい、分かってほしい生き物なんだなと思った」とそのようすを見ていた人が言いましたが、私もまったく同感です。

サイン（ジェスチャー）と音声言語を併用する「マカトン法」

サインやジェスチャーを主体とするＡＡＣの中のひとつがイギリス生まれの「マカト

ン法」です。これは、「水を飲む」とか「座る」とか、日常的に自然に行うジェスチャーを使い、同時に「水を飲む」など、音声によることばも添える、というものです。

こういったジェスチャーやサインを使ってみる場合、保護者のいちばんの心配は「ジェスチャーやサインを使う癖がついたら、ことばを言わなくなるのではないか」ということです。

でも心配ご無用。ことば（音声言語）を言えるようになると、子どもたちは見事にジェスチャーやサインから卒業してゆきます。しかも、サインやジェスチャーを一切使わなかった場合に比べ、言語発達やコミュニケーションは大いに促進されるのです。

「まだ（音声としての）ことばを話さない」という見方ではない見方、「きっと言いたいことがあるんだ」「表出できる方法を一緒に考えよう」という見方で大人がかかわる。この大人の側の態度変化が、子どものコミュニケーション意欲を育て、ことばの育ちを早めるのかもしれません。

マカトン法は定期的に講習会*（ワークショップ）が開かれています。

『マカトン法への招待』（松田祥子監修　磯部美也編著）が参考になります。

生活と遊びの中での自然なかかわり

楽しさの中で聞いたことばは覚えやすいものです。その点で、遊びながら、自然にことばをかけるととてもいいですね。でも気をつけていただきたいのは、「ことばを伸ばすために遊ぶ」のではなくて「一緒に遊ぶのが楽しいふたりになること」が目的である、ということ。

日本語には「遊びごころがある」とか「ベルトまわりにちょっとした遊びが必要」と行った言い回しがあります。余裕、ということですね。

余裕ある、望ましい「話しかけ」「ことばかけ」のためには、主たる養育者であるお母さんが、時間的にも体力的にも余裕を持てるような社会的支援を充実させることも当然あわせて考えていく必要があります。

遊びの意義や、具体的なことばのかけ方のアドバイスは次の本で詳しく説明してあり

＊　日本マカトン協会（巻末資料参照）

ます。

『「語りかけ」育児』（サリー・ウォード著／汐見稔幸監修／中川信子翻訳協力・指導）

一方、努力してもかかわりづらく、一緒に楽しむことが難しい子どもたちがいます。自閉症スペクトラム、広汎性発達障害、自閉的などといわれる子どもたちです。「遊んであげよう」とあの手この手でかかわろうにも、独特の認知構造からの拒否にあうことが多く、お母さん、お父さんはお手上げ。そこで療育機関に通い、専門家による〝訓練〟に望みをつなぐことになりがちです。

でも、それは、ちょっとちがうのではないか、子どもの力は本来、親が、自宅で、生活の中で育ててゆけるのではないか。という考えから作られた小さな本があります。

小児科医の海野健さんによる

『ママがする自閉症児の家庭療育』です。

この本では、課題は3つに分かれています。

A「『耳を傾ける』課題プログラム」として「追いかけっこをして遊ぶ」「子どもの声をまねてすかさず返事をする」「『いないいないばー』遊び」「声をたよりにママを見つける」「『ヨーイ、ドン』遊び」「『ママ』と言う」

B「『指さしたところを見る』課題プログラム」として「洗濯物を受け取る」「野菜をかごに入れる」「食器を片づける」「こぼれた牛乳を拭く」「スーパーでお買い物」「タオルをたたむ」

C「『指示に従う』課題プログラム」では「野菜の分類をする」「じゃがいもを洗う」「『もう、いいよ』と言うまで待っている」があげられています。

著者の海野さんは本の中でこう書いています。

「この本で対象にするのは（中略）こちらが声をかけたり、身振りや指さしで働きかけても反応してくれない、ことばのない子どもです。おもちゃで誘っても乗ってこない、絵本を見せても見てくれない、そういう子ども達です」

「声かけや遊びなどいろいろやっても反応してくれない子ども達を『対人関係の障害』とみなすのではなく声かけや指さしや絵本などの『信号（情報）が入らない』『情報として入力されない状態』と見なします。その信号を子どもに届くようにしよう、というのがこの本のねらいです」。

「この本では『療育』の目的を『ママと言う情報』を子どもに届けよう、という点に置いています。子ども達に取り入れて欲しいのは、ＴＶのＣＭではなく『ママの声』であり、見て欲しいものはマークや回転するものではなく、『ママが指差したもの』だからです」。


人の暮らしは「これは遊び」「これは訓練」「これは生活」と分けられるものではありません。追いかけっこをして遊んでいるうちにだんだん洗濯物をたたんでくれるようになったり、洗濯物をたたむ練習しているときにもタオルを使った「いないいないばー」の遊びもできる。ジャガイモを洗うお手伝いをしてもらっているうちに「にんじんも」って言った。ことさらことばを教えたつもりもないのに。

こんなふうに、遊びと生活が自由自在に行き交い、その中で自然な「ことばかけ」が行われるような「場」をつくることが大切だと思います。それは、STにとっても今後の課題です。お母さんたちが子どもとの生活をもっと楽しめるようになれば、ことさらに「ことばかけ」「話しかけ」と、焦る必要もなくなるのではないでしょうか。

第五章

STと一緒に「ことば」を育てた家族

＊4家族の紹介記事（164〜209ページ）は、インタビューを元に編集部で構成しました。

子どもの〝こころの窓〟探しをいつも一緒に

石坂 伸明くん（仮名・小5・特別支援学校に在籍） 同居家族：両親と本人

伸明くんは生まれつき筋力が弱く、首が据わったのが生後8か月。2歳まで座ることができず、難病が疑われたものの、3歳半で歩けるようになりました。言語面では、初語が出たのが5歳、通園施設での療育を経て、特別支援学校に入学。石川由子ST（仮名）と出会った小学2年生時点では、自分の名前が言えない、座っていられないという状態でした。石川STがパズルやシールでのやりとり遊びでかかわり、あいさつカードや日付カードを使用して見通しを立てさせることから始めたところ、物を揃えたり、簡単な意思疎通ができるように。診断名は広汎性発達障害。

＊お子さんの学齢は2009年3月時点のものです。

首が据わらない、座れない、歩ける保証はない

「生まれたときから、〝変わった子だ。この子にはきっと何かある〟と思っていました」。

帝王切開で生まれ、ひと晩を保育器で過ごした伸明くん。翌日、新生児室をのぞいた

お父さんは、ほかの赤ちゃんが元気な泣き声をあげる中、ひたすら眠り続けるわが子を見てそんなふうに感じたそうです。

「赤ちゃんって、おなかがすくと泣くでしょう。伸明は泣かずに眠ってばかり。おっぱいの飲みも悪かった」と、お母さん。乳首を含ませようとすると反り返る。哺乳びんではよく飲んだけれど、全身に力が入らず、だら～んとした感じ。「この子、抱っこしてもつかまらないわね」と、孫を抱きながらつぶやいた実母の姿が記憶にあると言います。

漠然とした不安から、両親は退院後も小児科に通いました。伸明くんは全身の筋力が弱く、首が据わったのが生後8か月。定型発達の赤ちゃんがはいはいをする時期に、寝返りで床をゴロゴロ移動。背筋は強かったけれど、哺乳びんを持てるようになったのが1歳過ぎ。2歳になるころ、ようやく支えがあれば座っていられるようになりました。それでも何度かひきつけを起こし、救急車を呼ぶことも。搬送先の病院で検査をすると、脳波に異常はないものの、乳酸値が常に高めだったそうです。「それで、当初疑われたのはミトコンドリア病*でした」。

＊ 特定疾患。血清・髄液中の乳酸値が高く、筋力低下、知能障害などを引き起こす場合がある。

2歳になっても喃語《なんご》が出なかったので知的面での遅れも心配されましたが、もしミトコンドリア病なら命にかかわります。「体の病気を治すほうが先決だ」と考えた両親は、乳酸値を下げる試薬の投与を受諾し、先進医療機関での精密検査を決める一方、子ども発達センターの肢体不自由児の療育クラスにも通いました。

「ほかのお子さんたちは、わりと素直にOT（作業療法士）さんやPT（理学療法士）さんに身を委ねるところ、伸明は抱っこが嫌い、体重ひとつ量るのもイヤで、ギャーギャー大騒ぎでした」「理学療法では身体の緊張をほぐす手ほどきをしますが、この子は逆。もともとからだに力が入らないタイプだったので」。当時、転職を考えていたお父さんは、次の仕事が見つかるまでの間、介助を交替したそうです。「妻の大変さを実感しました」。

そして3歳、遺伝子から染色体、脳の血流まで徹底的に検査したところ、「ミトコンドリア病でも、現在知られているいかなる病気でもない」ことが判明。安堵と同時に目標を失った両親の目の前で、かつて小児科医から「歩ける保証はない」と告げられた伸明くんが、歩き始めたのです。3歳半のころでした。

初めてのことばは「アッタリラ、バリロッカ」

試薬投与をやめて精密検査をし、その結果が出た3歳半のころ。伸明くんは自分の足で少しだけ歩いたのです。お母さんによると、「寝返りから、はいはい、つかまり立ちと、一応、段階は踏んでいたんです。のんびりだけど」。お父さんも顔をほころばせて、「七五三の写真を撮るとき、〝初めてひとりで立った!〟というので大喜びでした」。伸明くんは足首まで覆う特注の靴を履いて、しだいに自立歩行を獲得。伸明くんは、ものすごくゆっくり、定型的な発達をたどっていたのです。

身体面に好転が見られたので、両親は発達心理の専門医を訪ねました。そこで現在の主治医と出会うのですが、検査をしたところ、「自閉症という診断はつきません」。お父さんが「では、この子の診断名は何でしょう」とたずねると、「発達遅滞。あえて診断名をつけるなら、広汎性発達障害です」という答えが返ってきました。「要は〝よく分からん〟ということ(笑)。知的面に遅れがある子は、最初、自閉的な症状をたどるそうですね」。

＊ 3〜4か月の赤ちゃんが、上あごやのどの奥が広がったことで出せるようになる、「アバババ」「ンパッンパッ」というような繰り返し音。

そんな経緯から、4歳のころ、子ども発達センターでの療育も知的障害児クラスに。そこで最初のSTに出会い、おもちゃを使ったやりとり遊びなどを通して、場や人に慣らしていったところ、5歳で初めてことばを発したのです。

「結構、いきなり出ました」という伸明くんの初語は、〝アッタリラ、バリロッカ〟。「〝バーリロッカ、バリロッカ〟と、歌うようにしゃべっていました。私たちには何のことか、さっぱり分からなかったけれど（笑）」と、お父さん。お母さんも、「子ども発達センターのSTさんにも不思議がられました。ラとかレは、発音しにくいそうですね」。5歳半になると♪大きなのっぽの古時計～の語尾「いー」をまねて歌ったり、「バイバイキ～ン」など、アニメキャラクターの台詞《せりふ》を口にするようにもなりました。

ことばが出たことで、お父さんは「これで伸明は生きていける」と、胸をなで下ろしたそうです。「この子は、ことばという、コミュニケーションの手段を獲得しそうだ、と分かったからです。コミュニケーションができれば、自分から支援を申し出ることもできる。この先、私たちがいなくなっても、この子は社会的に生きていけるだろう」と。

トライ&エラーでやってみなければ〝こころの窓〟は分からない

その後、一家は主治医の転院に合わせて転居。伸明くんは通園施設を経て、特別支援学校に入学します。ＰＴＡ役員をしていたお母さんが、役員友だちに石川由子ＳＴを紹介されたのは、伸明くんが2年生の2学期のことでした。

石川ＳＴは施設勤務を辞した後、保護者に請われて個人教室を主宰していました。公共施設を借りての個別指導は月2回。そのころの伸明くんは多動で、言語面では単語を発するのみでした。そこで石川ＳＴは、「まず座りましょう」というところから取り組みました。

初めての本格的なＳＴ指導に、お父さんは目を見張りました。「石川ＳＴは、その子がどこまで理解しているか、何が足りないのか、ひとりひとりの状態を明確に把握している」と、感じたからです。たとえば、毎回たくさんの教材を抱えてきては、その中から子どもが興味を持ちそうなものを選び、また、気が散らないように隠して、レッスンを始める。「伸明のような子は何につけ、場に慣れる、人に慣れるということからスタートするので」、親がどんなに多くを望んでも、指導者との間にやりとりできる関係が育たなければ難しいのです。

さらに、お母さんによると、「石川STは、どうすればよいかを具体的に教えてくださるので、ありがたい」とか。たとえば、何かを促すときには、「1番は○、2番は△」と、分かりやすく紙に書く。すると、「最初に○をするんだ」「次は△をするんだな」と見通しがつき、伸明くんに落ち着きが出てきたそうです。「主治医にも教わりましたが、この子は見通しをつけられないんだということさえ、私たちは知りませんでした」。

また、「ストローを吹く練習をしましょう」と教わったことも。「目的は、口をすぼめた発音ができるようになることだったと思います。伸明は、意識的に息を吹くことができなかった。〝ウーウー〟になったり、〝フ・ウ・フ・ウ〟と一語一語発声したりしていましたね。でも、そういう練習をするといいだなんて、われわれには思いつかないですよ!」。お母さんも、「〝熱い食べ物をフーフーしましょう〟とかね。そんなふうに生活の中で取り組めるヒントをくださる。それがさすがだと思いますし、親にはとてもありがたいんです」。

石川STは、一見、言語指導とは結びつかない着想で、さまざまなイベントを試みています。公民館に空き部屋がなく、調理室しか借りられなかった日は、急きょ「カップ麺づくり教室」に変身しました。「どの子にとっても、お湯を沸かして注ぐという、それだけでも大変なんです。危ないから親もやらせないし」「でも、自分でカップ麺が作れれば、食事に困りませんよね！　そんなことにも気づかされました」。

ほかにも、浴衣《ゆかた》を着て点前《てまえ》を楽しんだり、天体観測をしたり。毎年夏には、講師を務めるST養成学校に子どもたちを連れて遠征もします。「学校の遠足とも余暇活動ともちがう、トライ&エラーの実践です。どの子にも〝こころの窓〟があるといいますが、でも、その窓がどこに開いているかは親にも分かりません。石川STはいろんな体験を通して、ひとりひとりの〝こころの窓〟を探し続けている。そこがすごいんです、あの先生は」。

ニンテンドーDSに入力された文字、そして毎日つけたチェック表

「こういう子どもたちは、どこかに〝こころの窓〟が開いている」と話してくれたのは、

伸明くんの主治医だそうです。4年生の夏、両親はそれを実感します。きっかけは、たまたま与えていたニンテンドーDSでした。

伸明くんは幼児期から、音楽や映像、電化製品が大好きで、テレビやオーディオプレーヤー、DVDレコーダーの操作はもとより、パソコンでネットサーフィンもします。ニンテンドーDSではゲームをしていましたが、あるとき、お父さんは、お料理ソフトの「お買い物メモ」欄に、あふれんばかりの単語が入力されていることに驚かされます。なんと伸明くんが自分で、「いちごヨーグルト」「ニュース」「ミートホープ」といったことばを入力していたのです。

そのソフトは、タッチペンで五十音を入力する仕組み。だからこそ、鉛筆で字が書けない、パソコンのキーボード入力も難しい伸明くんにも、文字が打ち込めたのです。

それからの伸明くんは、飛躍的にことばを覚えていきました。「私たちは、しゃべらない、反応がないからといって、この子が何も理解できていないとは考えませんでした。それに〝できなくてあたりまえ〟というところから始まっているので、むしろ〝こんなことができた〟〝こんな可能性もあったんだ〟と分かってくるのが、すごく嬉しいんです」。

５年生からは石川ＳＴの勧めもあり、毎日チェック表をつけるようになりました。「できること、習慣づけてほしいこと、ちょっとがんばればできるかな、という目標を立ててリストにしたんです。布団をたたむ、お箸を並べる、食器を運ぶ、自分でからだを洗うといった類の」。お父さんがパソコンで作ったチェック表に、伸明くんは毎日、自分の名前と日付を書き、できた項目にチェックを入れます。そのマス目がとても小さいのは、石川ＳＴから、「枠からはみ出さないように字を書く練習をしている」と聞いたから。

当初の目標は５年生の３学期にはクリアしたので、今度は市販のスケジュール手帳に学校や習い事の予定、自由時間の過ごし方を書き込むようにしたそうです。「喜んで予定を書いています。明日はこのアニメを見ようとか、土曜には言語教室があるとか。見通しが立つから嬉しいのかも。親はつい、手を貸してしまうんですよね。石川ＳＴのおかげで、〝やらせていいのね、私も楽になるし〟と分かりましたし、こんなふうに日常生活で活きるヒントをいただけるのが、とてもありがたいです」。

社会性を育てる上でも、子どもSTの存在はとても重要

伸明くんは、今でも理解できない質問にはおうむ返しだし、延々と独り言を続けるし、苛立つと自分の頭をたたいたり、退屈になると眠ってしまったりします。お母さんによると、「発達年齢は実際の半分くらいかな。10年かかってやっと5歳、という感じ」。

それでも、「～しない」「～してください」「だいじょうぶ」「ざんねん」「これは？」など、ことばでのやりとりができるようになりました。「お外遊びする？」「お外遊びしない」、「お父さん、今日はおうちにいないよ」「ざんねん」といった具合です。

人への関心も芽生え、「何？」とたずねてきたり、ほめられたくて声を出したり。「先日、私の両親と食事をしたとき、〝おじいちゃん、おばあちゃん、おいしい？〟って聞いたんです。そんなこと初めてで驚きました」と、お父さんは「あの、歩くことも話すこともできなかった子が……」と感慨にふけりながらも、こう結びました。

伸明くんは通学にバスを利用していますが、運転手さんの名札をつくんだそうです。それが「読んでくれ」というサイン。運転手さんが「堀江です」と名乗ってくれたとしたら、「今度はバスに乗るたびに運転手さんを指さして、〝ほりえ、ほりえ〟って呼び捨

て（笑）。つまり、ことばを覚えて話せたとしても、次の段階として社会性の問題が出てくるわけです。〝この人は堀江という名前の人だ〟と理解できても、社会でやっていくには〝さん〟をつけなければいけない。そういう課題が次々と出てくる。だからこそ、トライ＆エラーや推理ゲームを一緒にやってくれる子どものＳＴさんの存在が、われわれにはとても重要なんです」。

◆担当の石川由子ＳＴより

人とのかかわりの中で、ことばを使えるようになれたらいい――。伸明くんの発話には、ＣＭ、歌、ＤＶＤ、カーナビのことばがたくさんありましたが、一方通行でした。成長に伴い「視線が合うようになる」「質問に答えられる」「自分からその場で思ったことを言う」などできるように。また、ご両親の熱意と彼自身の人格やパワーが、医療・教育・余暇活動などあらゆる面での支援機関を引き寄せ、生活を充実させています。私もＳＴとして、伸明くんのネットワークの一員として、いつまでもコミュニケーションの工夫を伝える役目をもっていられたなら、この上ない喜びです。

ことばでコミュニケーションできたなら

福岡 雅治くん（仮名・小2・特別支援学級に在籍） 同居家族：祖母・両親（お父さんは単身赴任中）・姉（小4）・本人・妹（2歳）

5年間に及ぶ介護生活に追われたお母さん。気がついたとき、雅治くんはことばを発しないまま2歳半になっていました。さらに3歳10か月には、右耳が聞こえないことが判明。石川由子ST（仮名）と出会った幼稚園年長児の時点では、文字の理解はあるものの、ことばが出ない、行動が激しいという状態でした。石川STは、雅治くんが食べ物に関心が強いことから、食べ物パズルなどを使ってアプローチ。1年生の夏には1語が出て、しだいに自らコミュニケーションをとるように。診断名は自閉症。

＊お子さんの学齢は2009年3月時点のものです。

気がつけば2歳半。しゃべらない子になっていた

確実にパズルを埋めていく雅治くんを見守りながら、時折声をかけるのは石川由子ST。「最初は走り回っちゃって、座っていられなかった。ひと言もなかったし――」。

雅治くんにはおじいちゃんがいました。運動機能が衰えていく難病を発症したため、

お姉ちゃんが生後5か月のころ、介助のため一家は祖父母と同居。その2年後に、雅治くんは誕生しました。「おじいちゃんががんばっていたので、何とかしたくて。だから、子どもたちには申し訳ないけれど、このころのふたりのことはあまり覚えていないんです……」。

雅治くんは非常におとなしく、テレビをつけておけばずっと見ているような子だったとか。「パッパとかダッダッダッとか、喃語みたいなことは言っていましたが、ことばが出なかった。ただ、主人もことばが遅かったと聞いていたので、そんなものかなぁと」。

雅治くんが2歳半のころ、献身的な介護の末におじいちゃんは亡くなります。「これからはたくさん子どもたちにかかわろう」と、何とか気持ちを切り替えたお母さんでしたが、あらためて雅治くんに向き合うと、「……やっぱりこの子、しゃべっていない」。

そんなある日、お姉ちゃんが通う幼稚園で、「うちの下の子は、2歳を過ぎてもしゃべらない。遅れていると思う」という会話を耳にします。「えーっ、雅治も同じだ」。診てもらおう。お母さんは、そのお子さんがかかっている小児科医を紹介してもらいました。そして、告げられます。「2歳半にしては、少し発達が遅い」と。

音が入りにくい世界にずっといた

小児科医のアドバイスもあり、雅治くんは総合福祉センターの療育グループに通い始めます。事前に発達検査がありました。親子をプレールームに招き、ようすを見るのです。

「雅治くんは、お母さんに関心がないようですね」。医師はそう評しました。お母さんがそばにいても見向きもせず、ひたすらおもちゃを転がしたり、砂が入ったペットボトルに執心したり。はたして診断結果は、「自閉症でしょう」。

発達障害の本をめくれば、自閉症は脳機能障害だと書いてある。「なんで?!」「どうしよう」「何てことしちゃったんだろう」「長男なのに」。お母さんは、ありとあらゆる病院を訪ねたそうです。でも、結果は似たり寄ったり。3歳児健診には怖くて行けませんでした。そして、鼻水がひどく、耳鼻科を受診したときのことです。

「両耳とも滲出《しんしゅつ》性《せい》中耳炎で、山頂にいるときのようなキンキンした感じが続いている。音が歪んで入っている状態」だと分かったのです。さらに、ABR検査（聴性脳幹反応）では、右耳がまったく聞こえていないことが判明。「いつ、どうしてそうなったのか、分かりません。先天性の難聴ということでした」。

自閉症で、片方の耳が聞こえないという現実。それに気づいてやれなかったことに、お母さんは打ちのめされました。「耳の聞こえが悪かったことは、幼児期の発達に大きな支障があったと思います。音が入りにくい世界に何年もいたなんて……。それが、雅治の言語の獲得を遅らせた原因のひとつだとも思います」。

週3回、療育グループに通うかたわら、雅治くんは公立幼稚園の年中児クラスに入りました。その入園前、雅治くんは滲出性中耳炎の治療のため、両耳にチューブを挿入しました。すると、ずいぶんことばをキャッチするようになり、少しずつ反応が見られるようになったのです。

1音から1語、2語へ。1年生の夏に大きな変化が

「もう10回くらい読んだわよ」「じゃ、交替するね」。おばあちゃんとお母さんは、毎日そんな会話を交わしました。年中さんのころ、雅治くんは絵本が大好きで、特に『ぐりとぐら』シリーズがお気に入り。持ってきてはせがみ、読み終わるともう一度とせがむ。

同じ絵本をそれこそ暗記するほど読んだとか。ただ、読み間違えると、「あー」とか「ううーん」といったサインを出していたので、「ことばは理解しているんだな」と思ったそうです。

そんなあるとき、お母さんは、お子さんを特別支援学校の未就学児クラスに通わせている親ごさんから、PTAが発行している小冊子をもらいます。見れば、「お稽古特集」。その中に、石川STの言語指導教室も紹介されていました。

「とにかく、ことばのことが気がかりで仕方なかった。ことばでコミュニケーションしたい、と思っていました」と、お母さん。ママ友だちの中には、「うちの子はコマーシャルで覚えたフレーズしか言わないのよ」とこぼす人もいましたが、「コマーシャルのワンフレーズでいいから言ってほしい。雅治はおうむ返しさえしない」と、うらやましかったとか。それからです、「このままでは時間がもったいない。泣いていても進まない、自分が子どもとかかわらないで、だれがやるのか」と、失った時間を取り戻すかのように行動し始めたのは。お母さんは、さっそく石川STに電話をしました。

「雅治くんはひと言も発しなかった。〝て〟（〜して）の1音で、自分の要求を通そうとしていましたね。でも、ようすを見ると、文字は分かるけれどことばが出ないという状態。そして、行動が激しかった」と、石川ＳＴは、初めて雅治くんが教室にやって来た3年前を振り返ります。

衝動的に動いてしまう、どこかへ行ってしまう。買い物に行けば迷子になり、信号は赤でも渡ろうとする。気がつけば家を飛び出していて、家族は何度も血眼で付近を探し回ったそうです。警察に保護され、パトカーで帰ってきたこともあるとか。

石川ＳＴの教室でも、部屋を飛び出していったと思ったら建物のちがう階にいたり、エレベーターにずっと乗っていたり。お母さんは、サポートで来ていた学生に、「こんなに大変で、日ごろどうやっているんですか？」と、たずねられたこともあったそうです。

石川ＳＴは、雅治くんが食べ物に強い関心を持っていることから、アンパンマンの五十音パズルなどを使って興味を引きつけていきました。すると、〝ケーキを食べる〟のピースから〝を〟を覚え、〝を〟と言うように。そして、小学校に入るころ――。

「初めて〝ママ〟って言ってくれたんです、はっきり、〝ママ〟って！」。

月に2回のレッスンを始めて1年くらいたっていました。「〝パパ〟や〝ババ〟も言うようになって。〝ババ〟っておばあちゃんのことですが、〝ババ〟が〝オバ〟になり、〝オバァ〟になって〝おばあちゃん〟になりました。言語も段階を踏むんですね」。

1年生の夏には、さらにたくさんのことばが出てきました。1音だった〝て〟も「〜してください」と文になり、しかも敬語に変わりました。「学校で敬語を使うからでしょう。おかげで家でも、〝ママ、分からないから見てください〟と、ていねいです（笑）」。

石川STのレッスンでは、その日にやる課題と、終えたらチェックするマス目を、順番どおりノートに書くことから始まります。文字を書く練習を兼ねて見通しをつけさせ、ひとつ課題が終わったら、区切りとしてノートのマス目にシールを張る。シールが大好きな雅治くんは、自分で書いたマス目にきちんとシールを張り、レッスンの最後にはカレンダーで次のレッスン日の確認をします。お母さんによると、「石川先生のレッスンが大好きで、ずっと先までカレンダーに予定を書いています。それで、〝明日、言語だからね〟と、教えてくれたり。私よりスケジュールを把握しているんですよ（笑）」。

石川STのもとで雅治くんを見ている学生たちも、「すごく変わりました。走り回っているだけだったのに」「意思が通じるようになりました」など、感心しきりだとか。

2年生の冬には、こんなこともありました。石川ＳＴの教室では毎年クリスマス会を開くのですが、あるお父さんがサンタさんの衣装で参加されたそうです。それを見た雅治くん、なんと自分からその衣装を「着たい」とお願いしたのです。

「それまで、自分から何かやりたいなんて言いに行くことがなかったので、驚きました。サンタさんの衣装を着させていただいて、それはもう、大喜びでした」。

ほかにも、分からないことがあったときには、「合ってる?」と、たずねてくるようになったとか。自分の気持ちをことばにできた、自分からコミュニケーションをとるようになった、それが嬉しいお母さん。さらにＳＴ指導への期待がふくらみます。

発音の改善とこれからのこと

雅治くんの課題には、発音もあります。さ行がた行になるほか、「や・ゆ・よ」もうまく発音できません。「読んで」は「おんで」になっていました。

石川ＳＴは、「いーや」のように、言いやすい音を伸ばす練習から始め、最初は「いーあ」となっていたのを少しずつ「や」に近づけていきました。そして、次の段階では、舌の上にお菓子のボーロを置いて「や」と発音してみるゲームを始めました。

「〝や〟と発音するには、舌が上顎《うわあご》についたらダメなんですって。〝や〟が〝ら〟になってしまうから。ボーロはその目安。ボーロが上顎について溶けないようにすると、〝や〟って言える」。家でも練習したところ、2か月後には発音できるように。「さすがだと思いました。石川先生は、一見、言語とは関係ないことから始められます。でも、それは本人がとても興味を持っていたり、楽しめるものだったりする。そこがすごいですよね」。

雅治くんは、ポストから新聞を取り出しておばあちゃんに渡すのが好き。うっかり誰かが先にやってしまうと、「ぼくがやるのに！　ゴメンナサイは！」と、こだわっていました。それが今では、「ごめんね、今度やってね」とあやまると、「やくそくね」と言って治まるように。はっきり〝や〟と発音した、立派な「約束」です。

「雅治には、お姉ちゃんや妹がいてくれたことも大きいと思います」と、お母さん。「きょうだい関係の中でがまんや自重《じちょう》を覚えて、家族とのかかわりがよくなるにつれて、言語の幅も広がったような気がします」。さらに、石川STとの出会い、学校の先生やお友だちとのかかわりが、著しい成長の後押しをしているとも。

そんな雅治くんからお母さんに、2年生の最後に大きなプレゼントがありました。「6年生を送る会」の2年生代表に選ばれ、「進級を祝う会」では司会を務めたのです。「プログラムを読むだけなんですけど、〝校長先生のことば、お願いします〟とか。でも、みなさんもほめてくださって」。

これからは、ところ構わずおしゃべりする癖や、たどたどしい発音、「うーうー」といった声漏れが改善されるといいなと、お母さん。「そういうときは〝何をしたいの？〟と、聞いてあげるといいわよって、石川先生からアドバイスされているんですが」。つい人目を気にして、黙らせてしまうとか。「ことばが出たら出たで、親も欲張りになります（笑）」と肩をすくめながらも、「この1年は雅治が大きく飛躍した年でした」。そこには、かつて打ちのめされた日々があったことなど感じさせない、凛《りん》としたまなざしがありました。

◆担当の石川由子ＳＴより

指導場面で私は、どんなときも〝あなたの言いたいことを聴きますよ〟メッセージをもっています。雅治くんにはことばはなかったけれど、「言いたいこと」がありました。ふたりでさまざまな試行錯誤を重ねた後、初めて「言いたいこと」が互いに了解できた瞬間のことは鮮明に憶《おぼ》えています。そのあとから、指導内容（見通し、課題、理解、発音など）を教えることができるようになりました。お母さんから「意味の疎通が取れるようになって、ますますかわいさが増しました」と聞いたとき、伝え合うことの手助けができるSTの仕事をしていてよかった、と思いました。

感情のやりとりから始まった発語への道

佐々木 壮太くん（仮名・小4・特別支援学級に在籍）同居家族：両親と本人

1歳6か月健診までは、何の問題もなかった壮太くん。ところが2歳前に、まったくことばが出なくなりました。療育グループ、幼稚園を経て、小学校の特別支援学級に入学。児童デイサービスの鈴木陽子ST（仮名）と出会った3年生の1学期には、伝わることばが少なく、場所によって表現しないことがある、分からないとき・困ったときの表現手段がなく、行動になって表れる、生活力は高い、という状態。鈴木STが安心感を育てるところから始めると、やがて座って課題に取り組めるように。学校生活の支援と情報交換を兼ねて、担任の先生と交換ノートも。診断名は自閉症。

＊お子さんの学齢は２００９年３月時点のものです。

2歳前、赤ちゃんことばが消えていく……

ご飯を見れば「マンマ」、バナナを見て「ナーナ」、童謡に合わせて「エー、エー」。壮太くんが、そんな赤ちゃんことばを話し始めたのは生後8か月。1歳6か月健診では問題なし、もう少しで2歳というころでした。「だんだんおしゃべりしなくなったんです」。

それまで普通にしゃべっていた子が、何も言わなくなるなんて。「そんなことはないだろう」とだれもが思うように、壮太くんのお母さんも「まさか」と思いました。でも、2歳になるころ、壮太くんはまったくしゃべらなくなったのです。

「やっぱり変だ」と、お母さんは地域の発達相談へ。臨床心理士と保育士による面談の末、「確定できませんが、自閉症かもしれません」と告げられます。「頭の中がまっ白になりました」と、お母さん。「いろいろ資料を読んだら、おしゃべりしなくなる子がいるらしいですね。検査すると、知的障害や自閉的な傾向があるとか」。

壮太くんは週1回の療育グループに参加することになりました。半年ごとに、もう少しようすを見たほうがいい子には「療育施設へ通ってみませんか?」と声がかかります。壮太くんにも声がかかって……。お母さんはまたしてもショックでした。

週3回の通所では、時にはSTもついたのですが、壮太くんは「アー」「ウー」という声は出すものの、ことばが出ないまま。支援対象に年齢制限があったため、やがて壮太くんは幼稚園へ通うことになります。

入園前には、やはり発達検査がありました。結果は、「運動能力はまあまあだが、おしゃべりができないから、総合的に判断すると1歳半。2歳に届くでしょうか」。そこで、お母さんは、壮太くんは年中組に入れる年齢でしたが、年少組に入れてもらうよう幼稚園に頼み込んだのです。「園には、〝そんな人は、今までひとりもいません〟と言われました(笑)。でも、年少組はお子さんの人数が少ないし、先生もふたりつくので、年中組より目配りがきくと思って。児童相談所に保育士の加配申請もしましたが、壮太は自分で食事ができたし、歩けたので、加配対象にならなかったようです」。

ただ、療育がなくなることに不安を覚えたお母さんは、加配申請のため赴いた児童相談所で、「療育サービスはありませんか」と相談します。あまりよい返事がなく、やっとのことで聞き出したのが、隣の市の幼児教室。通園のかたわら、隔週で通いました。

特別支援学級で〝困った子〟？　募る学校への不信感

年少組に入り、年中組で卒園した壮太くん。まだトイレが難しかったこと、ひらがなは読めるけれど、自分の意思をことばで伝えられないこと、そういう本人のようすから、「就学に〝通常学級という選択肢はないな〟と、考えていました」。

就学時の特別支援学級の同級生は３人。ベテランの先生が担任になりました。でも、ここで思わぬ行きちがいが生じたのです。壮太くんは、どちらかというとおとなしいタイプで、「座っていなさい」と指示されれば、じっと座っている。そのため、お母さんは、「手がかからないぶん、放っておかれてしまうのでは」と心配をしていました。

ところが先生によると、「穏やかないい子ですが、怒ると困った子で、人をひっかいたり、物に当たったりすることがあります」。

「介助の先生をひっかいてしまったことがありました。自分の思いが伝わらなくて、どうしたらいいか分からず、イライラして、ガリッてやってしまったみたい……」。担任の先生には、〝問題行動はやめさせなければいけないものだ〟という雰囲気があったとか。「〝問題行動の裏にある気持ちを汲み取っていただけると、落ち着いてくると思う〟というお話もしたんですが……」。

気持ちの行きちがいを抱えたまま、壮太くんは3年生になりました。そのころです、6年生の親ごさんが、「児童デイサービスに通い始めたの。対応がいいのよ」と教えてくれたのは。「壮太くんはまだ3年生だし、今から始めたらきっとちがう」とも。この児童デイサービスでたまたま希望の時間帯に合ったのが、鈴木陽子STの担当枠だったのです。

鈴木STは、まず、壮太くんはどんなことができるのか、どういうことで困っているのか、反応を見ながら探りました。パズルや用語カード、遊具を使ってのやりとり、時にはレストランごっこも。「ふたりで積み木を楽しんで、積み木が崩れたときは鈴木先生が驚いた顔をしながら、〝びっくりしたね〟と、壮太の気持ちをことばにするとか。そんなふうに、感情のやりとりをすることから始めたそうです」。

鈴木ＳＴによると、「壮太くんには、目が合ったり、笑ったり、声を出したり、相手と楽しみを共有するようすが見られました。そこで、壮太くんの表情や姿勢のかすかな変化を汲み取り、声の調子や表情と合わせてことばにして返していきました。また、写真を使ってスケジュールを確認し、不安そうなときは〝あとこれだけでおしまいね〟と、残りの量を見せて伝えました。すると見通しが立ち、がんばるようになったのです」。

指導のあとの面談で、「ほめられているな」というときの壮太くんはすごくニコニコしながらからだを揺らし、「内緒にしておきたいことなのに」という話のときは、ばつの悪そうな顔をしたとか。そんなようすを見てお母さんは、「しゃべらないだけで、ことばやりとりの雰囲気は理解しているんだなと分かり、安心しました」。

交換ノートでの情報交換が学級担任を動かした

その面談で、お母さんが、学校との行きちがいを相談してみると、鈴木ＳＴから、「担任の先生と交換ノートをしているお子さんもいます。壮太くんもやりましょうか」と提案がありました。「児童デイサービスと学校が情報交換してくれれば、指導に一筋の道ができる。本人も安心するんじゃないかな」と思ったお母さん、この提案はすぐに実行されました。

ちょっと気まずかった担任の先生に、お母さんから「読み流してくださって結構ですので、よろしくお願いします！」と、半ば強引に渡して始めた交換ノート。鈴木STは、児童デイサービスでの支援例や、壮太くんのようすを記入していきました。するとと担任の先生も、学習内容や工夫していること、学校でのようすを細かく書いてくれるようになりました。

中でもお母さんが、「交換ノートをしてもらってよかったな」と感じたのは、4年生の2学期に催された合同音楽祭のいきさつです。夏休みの間、壮太くんとお母さんは、合同音楽祭で合唱する歌を歌詞カードを作って覚えたり、録音テープを聞いたりして、練習を重ねました。そして2学期を迎えたのですが、学校にようすをたずねると、「音を聞かせて練習していますが、壮太くんはなかなか歌えません」。

その件を相談された鈴木STは、「交流級のお友だちと一緒に歌う場面を設定したら、少しずつ変わるかもしれません。自信を持って口を開けて声を出す、そういう雰囲気があれば」と、ノートに記しました。「壮太くんがお母さんと課題曲を歌ってくれました。そのようすに、思わず涙がこぼれました」と、児童デイサービスでのようすも伝えながら。

これがヒントになって、担任の先生は、交流級の生徒と一緒に練習できるよう取り計らってくれました。さらに合同音楽祭では、壮太くんは先生の介助なしでステージに立ち、小さい声ながらもみんなと一緒に歌ったのです。リハーサルを見に行ったお母さんによると、「隣の男の子がよく面倒をみてくれて。壮太のおしゃべりが始まると、〝壮ちゃん、シーだよ〟って。うちの子も〝シーだね〟ってやっていました」。そのお友だちは、壮太くんが学校を休んだときも、教室までようすを見に来てくれたとか。「壮太にとっても、自分を助けてくれる人がいるという体験ができて、とても収穫が多かったと思います」。

自分が書き込むわけではないけれど、学校や児童デイサービスでのようすが分かって、交換ノートを読むのがとても楽しみだというお母さん。「ノートを通して、いろんな人が壮太のことを考えてくれている。ありがたいですよね」。

ＳＴ指導から学んだコミュニケーションのとり方

鈴木ＳＴに出会った当初の壮太くんは、家では通じ慣れた簡単なことばで、よそでは*クレーンで、自分の要求をかなえようとしていました。それが3か月後には、学校でも「やって」とことばで伝え、お母さんを「おたん」と呼ぶようになったのです。

さらに1年後には、「きいろ」「みどり」「あか」など色鉛筆の色を、楽しかった課題は何かとたずねれば「クイズ」と答えるように。学校では、いつも歌っている歌とちがう音楽が流れたときに、ジェスチャーで指摘したこともあったそうです。

そして4年生の3学期には、課題が完成したときや終わりにしたいときに「おしまい」、家では「よし！」と言うようになりました。担任の先生からは、「呼びかけると遊びを切り上げます。学習への取り組みでは下級生の手本となるなど、成長が見られました」と、ノートに書き込まれていたそうです。

ここに至るまで、鈴木ＳＴとお母さんが、コミュニケーションのとり方で、いくつか確認してきたことがあります。まずは、「なるべく短く」「分かりやすく」「聞き取りやすい声で」話しかける。お母さんは、ちょっと早口なお父さんにもお願いして、「壮太、トイレに、行きます」とゆっくり声かけしてもらったところ、トイレに行くように。

また、「ゆっくり、顔を見ながら、本人が分かるジェスチャーなどを交えて」「〝あなたに話しているの、あなたの味方よ〟と伝わるようにです。そして、〝できるだけ表情はやわらかく〟（笑）。怒った顔は恐怖心を与え、ことばが入りにくくなるんですね」。

「それにしても」と、お母さん。指導中、教室から漏れてくるやりとりを聞くと、「やっぱりＳＴの先生はうまいなぁ」と、思うのだそうです。「課題の投げかけ方はもちろん、声がとても優しくてゆっくり、聞き取りやすい。毎回、〝いかん、いかん〟と反省で（笑）。漏れ聞いて勉強するために外で待っていた、ということもあります」。

学習面でのヒントもありました。書字を練習するときは、市販のひらがなドリルをクリアファイルにはさみ、上からホワイトボード用のペンで文字をなぞるようにする。「これはナイスです！（笑）。何度でも消し書きできて。市販のドリルじゃなくて、親が蛍光ペンで見本を書いてはさんでもいいんです。さらに、文字の上にイラストがあるといいとか、集中できるよう１枚に１～２語がいいとか、鈴木ＳＴがアドバイスしてくれ

＊欲しい物があるときに、指さすかわりに相手（大人）の手を持って取らせようとすること

ました。壮太も、細かい文字がたくさんあるプリントより、やりやすそうでした」。

文字と絵のマッチングが安定してきた壮太くん、今はまっさらな白紙に自分から字を書くことが目標です。「自発的に書くときもあるので、もっと書こうよって親は欲を出すのですが、それがダメみたい。余力を残す程度でやめておくといいのでしょうね」。

やってみてだめだったら次へ行けばいい

「子どもが遅れているとなると、親はものすごいパニックに陥ってしまう。どうすればいいか、分からなくなるんですよ」。幼稚園や児童相談所にかけ合い、学校との連携づくりに取り組むなど、明るく前向きに行動してきたようにみえるお母さんが、ふっと、ため息をつきました。「相談機関へ行くと必ず、〝ようすをみましょう〟って言われる。親は、〝今すぐ何とかしてよ！〟と思うんですよ。〝今までどおりでいいはずがない、どうしたらいいのよ！〟って。今すぐ家でできる、具体的なアドバイスが欲しいんです」。

そういう意味では、児童デイサービスでのあらゆる支援は、とても支えになったようです。「ことばにしても、ただぶつけていれば育つものじゃないんだ、と分かりました。

遊びに夢中になっていたら〝壮ちゃ～ん、帰りますよ～〟と、ことばのボールをやさしく投げるような感じで、とか。〝これはりんご。これはバナナ〟と機械的に教えるより、〝バナナは甘いよね～〟〝バナナは黄色だね～、きれいな色だね〟と、ことばを膨らませるといいとか。基本的なことなんでしょうけれど、そういう具体的なかかわり方が勉強になりました。いつ実を結ぶのか、期待していますけど（笑）」。

子どもはどんどん大きくなります。「小さいうちに何とかしなくては」と、親は焦る。壮太くんのお母さんは、「今でも焦る気持ちはあります」と言いながらも、「悩んで止まっている時間がもったいない。何かしないと。やってみて、ダメだったら次に行けばいいって、そう思っています」と、再び力強くうなずきました。

◆担当の鈴木陽子ＳＴより

ＳＴになって間もなく壮太くんと出会い、教わることがいっぱいありました。人はお互いに、できたら、かかわり合いたいと思っている。みんなでチームになると、できることがある。子どもには、その子自身の育つ力がある――。面談では、壮太くんの言いたそうなことをお母さんと代弁し合い、壮太くんはその豊かな表情で答え、みんなで会話をしているようでした。

壮太くんが明るく、穏やかで、心豊かに育ったのは、大切にされてきたことと、彼自身の力だと思います。その中に私もかかわらせてもらい、一緒に成長させていただいたことを感謝しています。

走り回っていたあの子が素敵な青年になるまで

篠崎　勇樹くん（仮名・高1・高等専修学校に在籍）　同居家族：両親・姉・本人・弟

ことばが遅く、気に入らないとひっくり返り、保育園からは「視線が合わない」などの指摘があったものの、3歳児健診で「ようすを見て」と言われた勇樹くん。不安になったお母さんは、当時、養護学校に併設されていた未就学児クラスに勇樹くんを通わせます。そのときの担当が菅野由利子STで、以来、12年間に及ぶ指導が始まりました。菅野STは、勇樹くんを楽しませることから始め、ことばかけや手の使い方など、日常生活でのさまざまなヒントを親子に提供。勇樹くんはコミュニケーションがとれるようになると、友だちもできました。診断名は広汎性発達障害。

＊お子さんの学齢は2009年3月時点のものです。

ことばが遅い、タイヤが好き、ひっくり返る

勇樹くんは三つ子。お母さんは、三つ子用バギーを押して公園に通いました。汗をかきかきたどり着くと、ほかのふたりはあっという間にどこかへ。勇樹くんひとり、泣いてバギーから降りない。降りたら降りたで、ずーっと車輪を回して見ていたそうです。

ことばも遅く、3歳で「わんわん」「にゃあにゃあ」「でんしゃ」などの単語を口にするくらい。保育園の先生には、「視線が合わない」「みんなと一緒の行動ができないときがある」「地面の石を口に入れる」と、言われたことが。でも、そんな心配をお母さんが3歳児健診で相談すると、「大丈夫でしょう。もう少しようすを見て」。

ひっくり返りもひどかったそうです。気に入らないことがあると、あと先考えずにバーンと背中から倒れる。それで頭を打って、ワーッと大泣きです。「外でこのようなことがあると危険です。どうしましょうか」という相談が、園からあったそうです。

これはやっぱりおかしい――。あちこちの病院で検査をしました。脳波も測りました。結果は、ＡＤＨＤだったり、自閉症だったり。しかも、勇樹くんが住んでいる地域には、ことばの遅れや発達障害の子どもたちに対応する療育サービスがありませんでした。

この子はこのままでいいのか。いろいろな不安をかかえながら過ごしていたある日、お母さんは地域で催された子育て講演会を聴講します。そこで、近隣の養護学校（当時）に併設された未就学児クラスを知ったのです。藁《わら》にもすがる思いで面談に行きました。

「初めてお会いしたとき、〝そんなに緊張しないでやっていきましょう〟と声をかけてくださり、ほっとしたのを覚えています」。ここから、勇樹くんと菅野由利子ST、そしてお母さんの、12年間にわたる物語は始まったのです。

菅野STは、電車のおもちゃや卓上ゲームで、勇樹くんの興味をひくことから始めました。「勇樹は、最初は走り回っていましたが、だんだんはまっていった。指導が終わるころには楽しくなっちゃって、なかなか帰りたがらなかったですね。菅野先生が〝おしまい〟のサイン（両腕を上から下へ、シャッターを閉じるように下げる）を教えてくれましたが、泣いて、もっとやりたいとアピールしていました」。

子どもたちは1歳から一緒に保育園に通っていましたが、勇樹くんは寝起きの機嫌が悪く、保育園ではお昼寝のあとも大変だったようです。たまりかねた保育士が叱ると、「娘が先生（保育士）に、〝お母さんはいつも、勇樹にはゆっくりやさしく言ってあげてねって、言っているよ〟と訴えてくれたそうです。あとから、〝あのときはハッとしました〟というお話が先生からありました」。

以来、保育園に対しては、菅野ＳＴが「勇樹くんはこういう状態の子です。こんなときはこうしてください」という見立てを書き、それをお母さんが提出するという対策をとったそうです。

勉強ができる子がいいか、社会に出られる子がいいか

就学にあたり、勇樹くんたちは、混合教育を実践している私立校を受験しました。「3人とも私立だなんて、経済的に大変でした。でも、ふたりが、勇樹と一緒の学校へ行くと言ったんです。自分たちだけ別の学校ではいやだったのか、勇樹ばかり特別扱いして、と思ったのか。どんな気持ちだったんでしょうね」。

そのころの勇樹くんは、身辺自立にだいぶ成長が見られ、ひっくり返りが減少したぶん、ことばの使用が始まりました。「受験が終わって帰りのバスの中、〝どんな問題が出たの？〟って聞いたら、〝ジャンプした〟〝マットで遊んだ〟って答えたんです。まわり

の人も〝この子、しゃべるんだ〟と、びっくりしていましたね」。

一方、養護学校での言語指導は、就学を機に終了していました。学校でも、歌や劇の練習を通しての言語指導がありましたが、「勇樹に必要な言語指導は、口の開け方とかじゃない。菅野先生はことばのキャッチボールによって、楽しい気持ちになれる指導をしてくださっていた。1年たっていましたが、それがまだ必要だな、と思ったんです」。

当時、菅野STは養護学校を辞して、病院勤務をしていました。お母さんは勇樹くんの通院を条件に、菅野STに指導の再開を申し込みます。すると、菅野STはこんなことを確認してきました。「勇樹くんを、勉強ができる子にしたいですか、それとも、社会に出てコミュニケーションがとれる子にしたいですか」。

お母さんは、「社会に出られるようにしたい」と、即答しました。「〝それで、お勉強のほうはおろそかにしたから、苦手になっちゃったんだよね〜〟なんて、あとで菅野先生はおっしゃいましたが（笑）」。

菅野STの指導再開で、しだいに片言ながらも、「メガネをかけた男の子が、今日、〇〇していた」といった、細かい表現ができるようになっていった勇樹くん。5年生では、健常児クラスに移ります。「編入できる最後のチャンスでした。中学では高校受験組とそのまま進学組と、完全にコースが分かれるので」。

とはいえ、新しいクラスでは何もかもがビリ。「動作は遅いし、当然のことながら、勉強にはまったくついていけない。授業参観で目にしたようすがあまりにもつらすぎて、〝元のクラスに戻してもらおう〟と思いました」。でも、勇樹くんは新しいクラスがとても気に入っていたのです。「前のクラスは、静かでおとなしい。今度のクラスは、活気があって、すごく楽しい。みんなが○○しようって、声をかけてくれるから嬉しい」と。

親としての葛藤を相談すると、菅野ＳＴは、「勇樹くんにはまわりの人に助けてもらう経験も大事。支援されながら、社会に出て、生きていくんですよ」。

「それまで、勇樹には〝自分の力でがんばりなさい〟、周囲には〝この子はちょっかいさえ出されなければ、急に怒り出したりしないんです〟と、説明していました。でも、そのとき、〝そうじゃない、いろんな人に助けてもらってやっていかなければならないんだ〟と、気がついたんですね。それからは素直に、〝この子が困っているときには、手を差し伸べてやってください〟と言えるようになりました」。

中学生で友だちと動物園や映画に。高校からはカラオケにも

中学では、新しい同級生と意気投合。2年生になると、「友だちと動物園に行く」と言い出して、お母さんを驚かせます。「勇樹と同じような男子6～7人で出かけるというので、親たちは心配で心配で……尾行しました（笑）」。

ただ、ようすを見ていると、子どもたちそれぞれに得意分野があり、なかなか頼もしいんだそうです。「動物が好きな子は動物園に詳しいし、電車が好きな子は〝○番ホームの○号車に乗るといい〟と分かっている。頼りになるんですよ」。勇樹くんたちはその後、動物園のほか、映画も見に行くなど、ずいぶん行動範囲が広がりました。

そのころ、菅野STの指導は年に6回になっていました。「毎年、〝今年の目標〟を立てて、指導してくださっていました。脳のイメージ図や発達段階の資料を見ながら、〝この辺までできているから、もうちょっとこの部分を伸ばしましょう〟って」。

ある年の目標は、〝人としてのふるまいを覚えましょう〟でした。レストランではどうふるまうか、ファーストフード店ではどうするか、パン屋さんでは……と、社会に出る準備をするのです。「〝中学生になったから、なるべくお父さんと出かけるといいです

よ〟と、アドバイスされました。主人も、だんだんかかわりが少なくなっていたので、ちょうどいいからと、一緒に出かけていましたね」。

そして、高校生から菅野ＳＴの指導は年３回に。勇樹くんが苦手とする、文章を書く練習を兼ねて作文に取り組ませ、書いた作文の内容についておしゃべりをするのだそうです。１学期の作文には、「最初はすごくうるさくて、休む人も多くて、いやだなと思ったけれど、だんだん楽しくなってきました」と、クラスのようすが描かれていたとか。

また、勇樹くんの行動範囲はさらに広がりました。カラオケにも行きます。「お友だちはみんな、発達障害のお子さんです」。そのため、あらかじめ親が下見をし、フリードリンクで２時間分の料金と、カラオケの前に立ち寄るラーメン屋さんでのラーメン代を、封筒に入れて持たせる。「子どもだけで出かける機会が増えると、金銭面でのいざこざの心配も増えます。この子たちは、その場でお金を徴収するとか、割り勘にするということができないんです」。そういう苦手さがあることは、何回も出かけさせてみて、初めて分かったことだとか。

そのほか、携帯電話でのメールもできるようになりました。「面倒くさがりますが、

〝今みんなと会いました〟〝これから帰ります〟と、簡単なメールを入れてくれる。それだけでも、だいぶ楽になりました」。

動作を先に、名詞を後ろに。そしてからだで覚えさせる

12年に及ぶ指導の中で、「こういうことは、菅野先生に教わるまでやったことがなかった」という方法が、いくつかあるそうです。たとえば、「伝え方の工夫」です。「〝靴を履いてね〟と言っても、なかなか行動に移せない。そういうときは、〝履こう、履こう、靴〟と、歌うように言う。動作を先に、名詞を後ろに持ってくるんです。〝飲もう、飲もう、牛乳〟とか。すべてその調子でやりました」。

「右耳側から声をかける」も。「確か、〝言語は右耳から入るのがいい〟と。詳しいことは分かりませんよ、とにかく菅野先生を信じて（笑）。確かに、正面から声をかけるより、耳のそばで話したほうが聞こえるだろうし」。

「体験を大切にしよう」「手を使おう」というアドバイスもあったそうです。「勇樹は、人さし指と親指で柄をつまむようにしてコップを持っていた。そんな持ち方だからこぼすし、私は怒る、またこぼす、の繰り返しでした。そこで、両手でコップを持たせ、〝こうするのよ〟と言いながら、私が上からギューッと両手で包み込んでやりました。手の感覚については、たびたび言われましたね」。

それから、「分からないことがあったら、辞書を引く」というのも。「小さいころは、『ことばの絵じてん』みたいな辞書がとてもよかったですね。親が開いていると寄ってきたので、一緒に見たり、確認したりしました。その後は、小学生用の辞書。今は電子辞書を使っていますが、ときどき、小学生用の辞書も引いているようです」。

ひとり旅のエンディングは涙味のアイスクリーム

高校1年の夏、「探検隊になりたい」と言い出した勇樹くん。「そういう職業があると思ったらしくて。菅野先生が、〝それなら私の家の近くまでひとりで来てごらん〟って」。ただし、勇樹くんの自宅から菅野ＳＴの最寄り駅まで、電車を乗り継いで約2時間。それでも菅野ＳＴが、「旅には準備が必要だ。探検家なら、電車や駅を調べて、自分で全部計画するのだ」と宣告。すると、勇樹くんは「行くならやらねばならない」とばかり、パソコンで電車の時刻や乗り換えを調べ、普段は字を書きたがらないのに、駅名を単語帳に全部書き出して準備したのです。

これが、勇樹くんにとって初めてのひとり旅になりました。「外出支援のお兄さんに見守られながらですが、何とかやり遂げたようです」。最寄り駅では菅野STが出迎えて、周辺を観光案内。楽しい1日を過ごした旅の終わりには、駅で「アイスを食べよう」となりました。そのときです、「先生、今日はお世話になりました」と言って、勇樹くんが菅野STにアイスクリームを御馳走したのです。

「一生の思い出です」と、菅野STはお母さんに伝えました。「ここまで成長してくれたと思ったら嬉しくて、涙が出たわ。涙味のアイスでした」と。

ひっくり返ったり、お友だちに当たったり、一緒にいるのがつらかったあのころ。「ことばでコミュニケーションできたらいいな」と願っていたころのことを振り返って、お母さんはこう言います。「分からないことだらけでした。菅野先生にたくさん質問して、ひとつひとつお答えくださって。心から感謝しています。息子は素敵な青年になりました」。

そんな勇樹くんの大きな目標は、グループホームで自活すること。「グループホームというものがよく分からなくて、アパートだと思っているようですが（笑）。〝自分で洗濯できるようになるといいね〟〝食事がつくれるといいね〟と、話しています」。

◆担当の菅野由利子ＳＴより

勇樹くんと出会って12年目の夏でした。

「どのアイスがいい？　ボクがおごる」

お土産の「忍者セット」を大事そうに抱えた彼が聞いてきました。手渡され、ひと匙《さじ》食べて涙があふれ、「涙味のアイス」を知りました。

理想とはちがう子育てに奮闘し、「素敵な青年になる」ことを目標に、悩み、泣いて、笑って、勇樹くんとご家族は共に歩んでいます。この貴重な歳月をつかず離れず添うことができた私はしあわせです。「知らない街を歩いてみたい」気持ちを余暇の利用につなげ、よい支援者に出会った彼からのメールは、「〇〇へ□□さん（外出支援者）と行きました」という報告が増えました。今年の夏もまた楽しみです。

＊

お子さんに障害や育てにくさがあると「子どもを信じて」「長い目で」「あたたかく見守る」という抽象論で、毎日をしのいでいくのはとてもつらいもの。

登場した3人のSTはお子さんだけでなく親ごさんの気持ちをよく聴き、お子さんの意欲を育て、成長を促すための手立てを講じました。

具体的に考え、アドバイスし、周囲を巻き込みながら実行する。セラピストの側面を持つSTならではのアプローチだといえるでしょう。

石川さん、鈴木さん、菅野さんの3人は、STの中でも格別に視野の広い、すぐれた臨床観を持つ〝子どもST〟です。すべてのSTがここまでできるとは到底いえない現状ではありますが、安心して、STに相談できる場が増える日を願っています。

第六章

ことばを窓口として人生とつきあう

三木先生と旭出学園

私は大学で教育心理学を専攻しました。教育心理学科の主任教授が、故・三木安正先生でした。三木先生がお作りになった知的障害の人たちのための養護学校と学園が学校法人旭出《あさひで》学園・旭出養護学校です。

日本には、長い間、就学猶予、就学免除という制度がありました。「障害のある子どもたちは学校に来なくていいよ」と言われ、学校に行く権利も、勉強する機会も友達と交わる経験も奪われていたのです。

昭和20年代、徳川家に知的障害のあるお子さんがいました。母である徳川正子さんは、そのお子さんに教育を受けさせたいといろいろな人に相談しました。その相談を受けた三木先生が、「徳川少年のための御学問所を作るのではなく、同じように学校に行けずにいる子どもたちを一緒に集めて学校を作るのならやりましょう」と、徳川の東京・目白のお屋敷の庭の一角に、小さな建物を造り、14人のお子さんを集めて始めたのが旭出学園の始まりです。昭和25年（１９５０）のことです。「庭の一角に立てた小さな建物」といっても93㎡もあったそうですから、さすが徳川家は敷地が広かったのだなぁ、と、私はまずそのことに驚きました。

最初に作られたのは小学部です。集団で教育を受けるようになり、子どもたちは大きく変化しました。子どもたちが大きくなり、中学年齢になりますが、当時は通える学校がありません。そのために中学部を作り、高等部を作り、高等部を出たら働く場所が必要なので生産部ができました。障害のある人たちの中には老化の早い人がいて、働き続けることが困難になる場合もあるので、さらに福祉園も作り……というふうに、子どもの必要に応じて施設をひとつずつ積み上げてきたのが旭出学園でした。

私は大学時代に旭出学園に出入りし始めたのですが、その当時、下は小学部から、上はもう40歳を超えて働いているような方たちが同じ敷地の中で過ごしていました。成人になっても意味のあることばを話さない、話せない重度の知的障害の人たちもいるのですが、みんな、織物、タイル工芸、セメント作業、紙工、木工などの作業に熱心に取り組んでいました。

知的障害のある人たち、最重度といわれる人たちをも含め、幼児期から、どういう育て方、どういう教育をしたら、喜びをもって生き、働くことを通じて人の役に立つ充実した人生を送れるのか、ナマのお手本を旭出学園で目撃できたことは、私の職業スタート地点でのまたとない幸運でした。

無理矢理教えるのではなく、能力に見合ったことを、その子の意欲を引き出すように工夫し、寄り添いながら一緒に歩むような育て方こそが教育であり、人とのかかわりの基本である。それが、三木先生からや旭出学園で私が学んだことです。

ひとりひとりを大切にする、とはそういうことなのだと思います。

福祉や、障害のある子どもへの差別や偏見の目が、今とは比べものにならないほど強かった昭和20年代から、信じるところに向かって悠然と歩みを進めた三木先生の足跡をたどればたどるほど、その大きさと強さに引き込まれます。

三木先生は身長が180㎝以上もある「大きくて、豊かな人」でした。旭出養護学校小学部2階にある旭出学園教育研究所でのお昼休みの時間に、「先生のおなか、たたかせてください！」って、恰幅《かっぷく》のいい先生のおなかをポンポン！　とたたいてみたこともあります。巨木のようで、なんとも言えず落ち着いた、うれしい気持ちになりました。

そのときも、そうでしたが、私の中の三木先生の思い出は、いつも笑っているお顔です。「(旭出学園の施設を造るための)お金がなくて弱ったよ」と言いながら顔は笑っていて、不思議なことにいつの間にか、お金もちゃんと工面できてしまうのでした。

先生の前では弱みも、強さも、疑問も、反対も、包み隠すことなくさらけ出すことができました。決して否定されたり、怒られたりすることがなかったからです。

「大きくて、豊かな人」に、いつも見守られている感じを持ちながら、「三木先生、空の上から見えますか？　これで間違ってないですか？」と心の中で対話しながら、私はSTとしての道を歩いてきたように思っています。

working together（ワーキング　トゥギャザー）

STの仕事には、訓練とか指導という名前がつきまといますが、成人であれ子どもであれ、寄り添って一緒にやっていくという姿勢が仕事のベースにあるべきだとの確信はゆらぐことはありませんでした。三木先生のおかげです。

あるテレビ番組で、年越し派遣村を主催したNPO法人「もやい」代表の湯浅誠さんが話していたことが印象に残っています。海外で「支援する」ということばをsupport

（サポート）と訳したら相手の方に、「support ではない。working together と言ったほうがいい」と言われて「なるほどそうだ」と思った、というお話でした。

たとえセラピストと患者というように立場がちがっていても、基本的には一緒にやっていく、working together = 協働者である、という考え方は決して忘れてはならないことだと思います。

旭出学園で知的障害のあるお子さんたちとドタバタ楽しく遊んだり、振り回されたり、仕事なのか、勉強させてもらっているのか、遊ばせてもらっているのか分からないようなことをするかたわら、上野一彦さん（現・東京学芸大学名誉教授）と一緒にＩＴＰＡ（言語学習能力診断検査 Illinois Test of Psycholinguistic Abilities）という検査の標準化作業のために、重いテスト道具を提げて、都内の幼稚園や保育園に通い、主として2歳児さんのデータをとりに回りました。２００人以上のデータをとったので、相手の反応を見るとだいたい言語学習能力が推測できるような感じになりました。

「本当にすぐれた臨床家や教育者は、子どもをひと目みたら、あるいは少し遊んでみただけで、その子の能力や特性がぱっと分かって、どういう指導をしたらよいかが分かるはずだ。しかし、たいていの人は残念ながら生きているうちにそういう境地には至らない。だからやむをえず、標準化されている検査に頼らざるをえないのだ。子どもに発達検査などをするときは『ごめん。私の力量が足りないために、検査をさせてもらいます』とあやまるような気持ちでするべきだ。少なくとも強引に検査したり、検査結果の数値だけを振り回すような人間にはなるな。検査はそれを通じて、相手の子どもをよく理解し、どういう指導をしたらいいのか、その手がかりを得るためにするのだ」と三木先生には言われていましたが、そのことを実感するような体験でした。

失語症のお子さんとの出会いとSTへの道

旭出学園に出入りし始めたのと多分ほぼ同時期、大学3年生のときに、たまたま大学院の先輩から障害のあるお子さんがいるのだけれど、と家庭教師を頼まれました。

こちらの言うことは何でも通じるのに、ことばがうまく話せないKくんでした。右手、右足、そして口も右側が不自由でした。

それまでつきあってきた旭出学園の知的障害の子どもたちとは何かがちがう、どういうふうに教えてあげたらいいのだろう、と分からなくて、大学院の先輩に相談してみたところ、「言語の勉強をしてアメリカから帰ってきた人がいるから、見てもらったら」と言われ、Kくんを連れて、アメリカ帰りの先生のところへ行きました。

その先生はKくんとお母さんとひと言ふた言ことばを交わしただけで、「この子はシツゴショウという状態です」とおっしゃいました。まだ「失語症」ということばもほとんど耳にすることがなかった昭和45年ころ。漢字が思い浮かばず、びっくりしている私に先生が説明してくださいました。

私が家庭教師をしていたお子さんは、小学校1年生の終業式の日に交通事故に遭い、左側の頭をケガしました。3か月昏睡ののち、命はとりとめたものの、しゃべれなくなり、右半身のマヒが分かった、というお子さんでした。

そのときのアメリカ帰りの言語の先生というのは、現在日本LD学会等で大活躍しておられる竹田契一先生です。当時竹田先生がおられた伊豆の韮山《にらやま》温泉病院に見学に行き、STさんたちが絵カードなどを用いてきびきびと言語訓練を行っているのを見て、一度で「STになる」と決めて、この世界にいる、というわけです。

「ことばが通じない」「前提条件がちがうのかもしれない」という思い

STという仕事にひと目でひかれたのには伏線があった、と今にして思います。

高校生のころ、小高い丘の上にある校舎に向かう道の途中で、友人とこんな話をしたことがあります。「私には、この木の葉は緑色に見えるけれど、それはもしかしたら、あなたがピンクと呼んでいる色かもしれない。私とあなたとが、この木の葉を同じ緑色として感じている証拠はどこにあるのだろうか?」と。

今も、私の中には、そのころの思いが深く息づいていることを感じます。

私たちは、同じ世界に生きているように見えて、実はまったくちがった世界に生きているのではないか。周囲を全く異なったものとしてとらえ、異なったふうに感じているのではないか? ことばを使って、分かり合えた、共有したと思っていることも、それぞれの人の中では実はまったくちがうことが起きているのではないか? という思いです。

脳科学の進展と、発達障害概念の浸透とで、この思いはあながち間違ってはいなかったようだと思えるようになりました。感覚入力、外界の入り口の部分からして、そもそもひとりずつ「ちがう」のです。ましてや脳内での処理の過程は驚くほどちがいます。人と人は「ちがう」ことを前提として、「だから一緒にやっていこう」という可能性が開かれるのだと思うのです。

在学中の東大闘争の中でも、立場がちがうとぜんぜんことばが通じない体験がありました。分かり合うために話すのではなく、敵を論破し、たたきつぶすためにしか、ことばが使われない。ことばが話せるのに、分かり合えない。ことばって、いったい何なんだろう？　そういうことをとても強く感じました。

もうひとつ、STへの道を開いてくれたお子さんとの出会いもありました。大学3年のときに、旭出学園の夏のキャンプにスタッフとして行きました。私が担当した小学部のお子さんは「ご飯だよ」と言っても聞いているふうもなく、ピューッと外に飛び出していく。トイレに連れていくのも大変。目も合わないし、こちらが話しかけても何にも答えてくれない。

彼は、いったい何を考えているんだろう？

自閉症の子と会ったのも、生活を共にしたのもそれが初めてのことです。そもそも自閉症ということばもまだほとんど耳にしないような時代でした。

それまで多く会っていた知的障害のお子さんなら、「行こうよ」と誘ったり、トイレのほうをさしたりすれば、うんとかすんとか返事をしてくれて、「あ、行くんだな」とか「行きたくないんだな」と分かるのですが、「トイレに行こう」と誘っても、彼はうんともすんとも言ってくれない。そこにいるだけ。

この「コミュニケーションができない感」は何なのだろう？　不思議！

でも、一方で彼には、何かを考えているにちがいない、という感じもありました。まっすぐ私を見てくれはしないけれども、私を意識してくれていると感じられたり、「何か」が確かに通じ合っていると感じられる瞬間が何回かありました。

葉っぱを持ってひらひらさせているのを見て、「それが好きなのね」と私は思う。けれど、彼は本当にそれが好きなのか？　好きだとしても、どこが好きなのかは分からない。このお子さんの内的世界というか、こころの内側を知り、分かり合えたらどんなに楽しいだろう！と、二泊三日の合宿の間、強く思っていました。

彼との間に架ける橋が、何とか見つけられないか、と思ったのだと思います。

勉強に打ち込んだ日々

そういうくつもの伏線があったために、失語症のお子さんと出会ったことをきっかけに、迷うことなくSTという仕事に向かったのでしょう。

昭和47年、当時東京・高田馬場の早稲田大学の近くにあった国立聴力言語障害センター附属聴能言語専門職員養成所（現在、埼玉県所沢にある国立障害者リハビリテーションセンター学院言語聴覚学科）に2期生として入学しました。当時は大卒者対象、1年間のコースでした。毎日9時から5時までびっちり講義が入り、一生の間であれほど勉強したことはない、というほど勉強しました。クラスの仲間たちと競争する勉強ではなく、協力し、励まし合う勉強でした。

協力といえば、今でいう落ち着きのない特性を持つ先生の講義の時間もありました。1コマの授業の間に、黒板の前を右から左へ、左から右へと何回も往復されるので、みんなで手分けしてその回数を数え、「今日は46回だった」とかデータ取りをしたのも楽しい思い出です。

先生の冗談まで一言一句もらさずノートに記録することのできる友人もいて、彼女のノートは試験の前にはひっぱりだこでした。コピー1枚40円の時代だったので、必死に書き写さなければなりませんでした。だから、授業への出席率はよかったのかもしれませんね。このころの仲間たちと学会などで会うと、瞬時に23歳、24歳の「あのころ」に戻れてしまうのが不思議です。

ことばを窓口として、ひとりの人の人生とつき合うこと

「国立聴力言語障害センター附属聴能言語専門職員養成所」の学生だったころ、当時の所長、柴田貞雄先生が講義の中でおっしゃったことばは今もこころに残っています。

「STは仕事で人に親切にできるんだよ。いい仕事だと思わないかい?」と。

ほんとです。人に親切にして、お金までもらえるなんて、STとはなんてラッキーな仕事でしょう。

「親切」とは何か? コミュニケーションがとれない、あるいは摂食・嚥下《えんげ》(食べるこ

と・かむこと、飲み込むこと）ができない、発音がはっきりしない、など、ことばに関する「困りごと」を持ってSTの前に現れる方たちのニーズに応えることが「親切」に当たるのだと思います。

そして、もうひとつ養成校時代に大切なことばを手に入れました。

私たちSTが対象とする人たちは、障害がある人たちです。治るのなら病気ですが、治らないから障害です。自分たちの仕事って何だろう？　治せないのにセラピストとは何ぞや、という悩みは深く、学生時代にはよくみんなで話し合ったものです。

そこで到達したひとつの結論は、「STというのは、ことばを窓口として、人とまたは人の人生とつきあう仕事」ということでした。

このことばに到達した時点で、やっと落ち着いて勉強に向かえるようになりました。当時の仲間たちは、今もそのように考えているのではないかと思います。

私の好きな、詩人で画家の星野富弘さんの作品に、

「わたしは傷を持っている／でも　その傷のところから／あなたのやさしさがしみてくる」という、れんぎょうの花の絵に添えられた詩があります。

私たちSTの前に現れる人たちは、改善することはあっても厳密な意味では治らないという傷をかかえている人たちです。相手が障害という弱さ、傷を持っているからこそ、私たちの側の優しさというか、親切が問われる。私たちの一挙手一投足、ひと言のことばが、とても大きな影響を与える〝現場〟に私たちはいるんだ、ということを、私たちは常にわきまえておかなければならないと思っています。

病院勤めでは、進行性の病気など、自分の無力さをつきつけられるような場面に多く遭遇しました。失語症の患者さんで、発症後すぐにかつぎ込まれてきて「あわわわ」とひと言もことばを言えないような状態から、訓練も何もしないのにひとりでにどんどんよくなっていく方たちがいます。一方、頻度高く訓練を継続してもなかなか改善しない方もいます。バイク事故による頸椎損傷、首から下がまったく動かない状態になった10代の人の病室から「殺してくれ——」と泣き叫ぶ声が聞こえたり、いろいろな人たちに直接、間接にお会いしてきました。

セラピスト、治す人、という名前がついているにもかかわらず治してあげられないというのは、とてもつらいことです。特に若いころは、治してあげられない自分の非力に直面しないように、「私は専門職です！」みたいな鎧《よろい》で武装して、ドライに患者さんの前に立ち現れたこともありましたし、年上の親ごさんたちに、指導的な態度、上から目線で接し、「子どももいない先生には分からない！」と言われたこともありました。あのころお会いした方たちに、今もう一度会えたら、「あのときは本当にすみませんでした」と言いたい気持ちです。

弱さや傷をかかえた対象者の中に残るのは、訓練効果だけではなくて、目の前のセラピストが示してくれる真摯《しんし》な態度、「よくはならなかったけど、一生懸命やってくれた、親切にしてもらった」という思いのほうなのではないか、非力なら非力なりに、せめてそういう態度を相手に対する贈り物にすればいいのではないか、と思うようになりました。

スペシャリストとジェネラリスト

卒業後は、某総合リハビリテーションセンターに2年弱勤めました。体力がなかったので、妊娠を機に退職して子育てに専念、という図式のはずだったのですが、8か月で子育て専念に音を上げ、東京都・調布《ちょうふ》市の障害児通園施設あゆみ学園から、月に1回来て欲しい、という声かけをいただき、「しめた！」とばかりに、月に1回、息子を母に預けてあゆみ学園に行き始めました。

それから徐々に非常勤での仕事の場が増え、その後ずっと、非常勤という働き方を続けてきました。

幼児期の通園施設に勤めていた10年弱の間、知的障害や肢体不自由のお子さんたちやその親ごさんたちにお会いするかたわら、一方では週1回のT病院のリハビリテーション室勤務も継続し、急性期の失語症の方たちや、進行性の病気の人たち、脳腫瘍などが進行してついには亡くなる方などを担当していました。つらいことも多かったですが、経験という意味ではいろいろな人の人生にかかわらせていただくことができました。

その後、調布市に設立された総合福祉センターの言語部門に属するかたわら、市内の知的障害のお子さんのための固定学級（小学校3学級、中学校2学級）への巡回の仕事を足かけ8年くらい続けました。特別支援学級への専門職の巡回の制度は全国的にも珍しいことだったようです。調布市の先生方や保護者の方たちの粘り強い運動によって実現したものだと、後になってから聞きました。学級へのSTの巡回は、1学期に1回とか2回という低い頻度ですが、あゆみ学園での2歳、3歳時代を知っているお子さんたちが、小学校に入り、中学校に入って、先生たちの力や保護者の力で、良いほうにも伸び、また一方では残念な変化もしていく姿を垣間見ることができました。旭出学園時代に考えた、どういうかかわりをしていったら、この子が豊かな人生を送れるだろうかということを、「地域」「生活」の中で、別の形で見せていただいた、と思っています。

調布市の総合福祉センターの言語部門のSTは、保育園、幼稚園の障害のあるお子さんについての巡回相談も引き受けていましたので、保育園の巡回も経験しました。

保育園の先生方は、多くの場合お子さんとすばらしいかかわりをしておられるのに、自信がない。専門家という看板をかけた者が現地に行って、実際にお子さんと先生のかかわりを見て、「あの場面でのかかわりは、こういう理由から、すばらしかったですね」と理由づけをしてお話しをし、かつ「もしできるのであれば、ことばをかけるときに実物を一緒に見せながらかけてあげると、さらに分かりやすいと思いますよ」などと具体的にアドバイスすると、保育の質がさらに上がり、自信を持って障害のある子どもの保育をしてくださるようになるということも何度も体験して、生活の中に専門的な知識が入っていくことの大切さを学びました。

私は大学時代を大学闘争の真っただ中で過ごしました。「学問はだれのために？」という問いをつきつけられた世代です。この問いは今も私の宿題です。

そして、今たどり着いたひとつの答えは、専門家（＝スペシャリスト）の知識は、毎日長い時間を一緒に過ごす人たち（＝ジェネラリスト）、つまり保育士さんや、学校の先生、そして親ごさんたちとシェア、共有してこそ、生きる知識になる、ということです。

週に1回とか月に1回、1学期に1回しか会えなくても、親子の幸せな暮らしに役立つようなおみやげを手渡すことも、専門性のうちだ、と思います。

その後、縁あって、あゆみ学園とかけ持ちで、調布市の保健センターで1歳6か月健診後のことばの相談を始めるようになりました。昭和60年からですので、25年ちょっと、1歳代、2歳代のお子さんたちや、親ごさんたちと会うことを仕事にしてきました。うちの子はことばが遅いけれど障害だろうか、障害ではないのだろうか。揺れ動く親ごさんの気持ちに寄り添うことの大切さを、いつも感じています。

「生活」と「地域」と「専門性」

私が自分のテーマだと思っていることは「地域」「生活者」、そして「専門性」です。私が対象とするお子さん自身もこの地域で生活し、成長していく存在ですし、親ごさんたちも生活している人です。そういう視点がとても大切だと思っています。「生活する」ということばは英語ではlive（リブ）ですね。liveは同時に、生きるという意味も持っています。私たちSTは、ことばやコミュニケーションに障害を持つ人たちやその家族の、よりよい生活、幸福な人生を支えることのできる専門職なのではないか、そうあれたらいいなと思っています。

こういう考えに至るにあたって、東京都狛江《こまえ》市という小さな町に長く住み、自分の子どもたちの保育園、幼稚園、小学校、学童保育、そして中学校などを通して、「地域で成長する子どもの姿と、それを支える家庭や学校や地域の力」ということをこの身で体験できたことが大きいと思います。子育て経験がそのまま仕事に生かせたのは、ありがたいことでした。

息子たちが中学校を卒業し、親が狛江市内で活動を始めてもあまり差し障りがなくなったころから、狛江市内の療育の場にかかわるようになり、その場が少しずつ広がりました。今は非常勤でかけ持ちする仕事は、保健、福祉、教育にまたがっていて、月に2〜3日ずつ、あちこちに出没しています。

非常勤という働き方は、主たる家計の維持者がいてこそ成り立つ不安定なものですが、子育てに時間を向けられるというメリットがありました。もうひとつ、守るべき組織を持たないフリーという立場のおかげで常に「子どもの最善の利益のために」を言い続けることができるのも、思わぬメリットでした。

次世代を担う子どもたちは、私たち大人が守らなければなりません。ましてや、障害があるなど、支援を必要とする子どもが最も大切にされるような社会にならなければ、私たち自身の未来も暗いものになってしまいそうです。たとえ、理想論と言われようとも、主張し続けることができるのは、非常勤ならではの強みだと感じます。

ちょっと珍しいところでは、調布警察署協議会委員というのもやっています。

警察署協議会委員というのは、年に数回、調布警察署へ行き、警察の活動のようすを聞き、市民としての意見を述べる、というものです。

警察官の方たちは、一緒にエレベーターに乗り込んだりすると、本当にがっしりしていて、筋肉質の方が多い。警察署協議会委員になって初めて知ったのですが、警察官は、たえず武道の訓練をしているんですね。剣道や柔道で訓練するかけ声や、ドタン！ という音がフロアに響きます。「正義を守るには力が必要なんだ」と実感します。

警察署協議会委員を引き受けたのにはわけがあります。知的障害のある方や高齢者が行方不明になったりしたとき、いちばん最初に連絡をとり、頼るべきは交番や警察です。障害のある子どもを地域で育てていくには警察との関係も大切なことなのです。

たとえば、「全日本手をつなぐ育成会」（知的障害のある人とその家族、支援者で作る全国組織）が行っている警察プロジェクト、略してKプロという事業があります。警察の方たちに、知的障害、自閉症などについて知っていただくことによって、「あやしいヤツ扱い」をされずに、障害のある人の味方になってもらうことを目ざす活動です。

実際、職務質問では、いきなり知らない人（＝警察官）に話しかけられるわけですが、自閉症の方たちの中には、ただもうびっくりして奇声をあげたり、逃げようと暴れる人もいます。そしてあやしまれて追いかけられ、追いかけられるとさらに興奮して、という悪循環が懸念されます。

警察署協議会委員にとお声かけいただいたとき、微力ではあっても、会議のたびに、障害のある人たちのことをアピールできればと思ってお引き受けしました。ところが、警察という、障害とか福祉とかの分野とは用語も慣習もまったくちがった一種の異文化体験が、意外に面白い……というわけです。還暦を過ぎたというのに、何事にも興味津々《しんしん》、面白半分の、ミーハー気分が抜けない私です。

上手なさよなら

STの仕事の成功とは何でしょうか?

私は、患者さん、お子さんやその親ごさんがSTから卒業するということ、つまり、上手なさよならができる、ということが最高の成功だと思っています。

上手なさよならには、ふたつの種類があります。

その人が能力的に回復して、または、能力がみごとに伸びて、熟した実が木から落ちるように「はい、さようならSTさん。あなたは不要になりました」と、さよならをしてくれる、というもの。

もうひとつの上手なさよならは「私はあなたともうかかわることはできませんが、安心してご紹介できる先がありますので、安心してそちらで訓練を受けてください」とお伝えして、患者さんも、「先生が紹介してくれて、安心できるところだ、と言うからには、きっと安心できるところなんだ」と思って、別の場所に移って行くというものです。親切な先生がいて、安心して移っていただける紹介先の情報をたくさん知っておくことも、上手なさよならを成立させるために必要なことです。

今、STたちは、ともすると、狭い訓練室内で、一対一で、能力的な向上だけを図る訓練者に甘んじる方向に向かおうとしているように見えて、少し口惜しく思っています。特に医療機関に属するSTは、医療保険でのしばりもあって、なかなか外に目を向けられない状態に追い込まれています。

ことばやコミュニケーションは、人と人との関係において成り立つ、きわめて社会的な側面を持つ機能です。であればこそ、コミュニケーションを支えるSTは、自分の仕事が社会的色彩を強く帯びていることに対して自覚的であってほしいと思うのです。ST同士の横のつながりを広げ、顔の見える関係を作り、患者さんたちが安心して次に移れるように情報を知っておくこともSTの社会的責任だと私は思うのです。

さて、現実には、上手ではないさよならが実に多いのです。

STが最も多くかかわる失語症にしても、気長に訓練を続ければ改善できる可能性もあるのに、脳血管障害のリハビリの上限は180日と制限され、途中でやめなければならないことがあります。実際には、発症後3年たっても、5年たっても、認め合えるよき仲間とのかかわりによって、急激にまたはゆるやかな改善をとげる人たちだっているのですが。

病院を退院して自宅に戻る場合は、地域に紹介先を見つけて申し送りしたいと思っても、在宅の失語症の方の受け皿はほとんどない、外来での訓練を受けてくれるリハビリテーション病院はなかなかない、など、熟して落ちるどころか、無理矢理もぎ取られるようなさよならばかりの状況です。悲しいことです。

でもそういう中でも、私たちSTは仕事をしなくてはなりません。何よりも対象者、患者さんや子どもの利益と尊厳を守るために、です。

止まり木としての役割

言語やコミュニケーションにかかわる障害で「完全に治る」ものはほとんどありません。数少ない例外は、子どもの発音（構音）の障害で、カメをタメという、とか、サカナをチャカナという、などの状態のことです。日本語の五十音が確実に言えるようになる目安は4歳半くらいなので、多くの親ごさんたちが心配する「赤ちゃんことば」は文字どおりの赤ちゃんことば（障害ではなく、発音が未熟であるということ）ですし、5歳近くまでも続くようなら、系統だった指導を受ければほとんど確実に治ります。

構音障害以外の、ことばやコミュニケーションの障害は、厳密な意味では治りません。治せない中、STにできるのは「止まり木」の役割だと私は思っています。

障害という予期せぬ事態に遭遇して混乱している人たちが、障害にあって以来初めて理解してくれる人、分かってくれる人に会えたと言われる存在。障害の状態や、訓練の方向、見通しを伝え、実際にいろいろトライしてくれる人。

ＳＴという止まり木で羽を休めて力をつけ、飛び立っていくのを見守り、その過程に寄り添う、伴走者。それが私たちの仕事なのだと思っています。

進行性の病気だからよくなるはずがない、とか、障害なのだから厳密な意味で治ることはない、という見通しをプロとして持っていたとしても、本人が納得するまでの時間を共に過ごす、ということも、私たちの仕事の大切な部分なのだと思うのです。

ことばが遅かったり、行動面で心配な点があったりするお子さんで、プロの目から見ると確実に発達障害の範疇にあると思われる子どもであっても、お母さんの気持ちは揺れます。「ことばは遅いけれど、でも分かっていることもこんなにたくさんあるし」とか「私の弟も３歳までしゃべらなかったと聞くけど、今はりっぱな社会人。この子も今に何とかなるんじゃないかしら」と。

初対面で発達検査を行い、その結果の数値をバン！　とつきつけて「ほらご覧なさい。こんな結果が出ました、遅れがあります、発達障害です、即療育へどうぞ」と伝えても、いい形ではつながってくれないこともしばしばです。

寄り添い、心配ごとにつきあい、少しずつ事実を伝え、必要と思われる方向に向かうことを援助する時間と気持ちの余裕をSTも持ちたいものです。

エンパワメント

エンパワメントということばがあります。

その人の中にもともとある力を上手に見つけ、引き出し、育てていく、という意味です。STの仕事、セラピストの仕事は、本来的にはエンパワメントです。

成人でも子どもでも、同じような障害の、同じような状態で、同じような指導、訓練の計画を立てても、見る見る改善していく場合もあれば、思わしくない場合もあります。よくなるのも、伸びるのも本人の力だ、ということを、まわりの人は肝に銘ずるべきでしょう。これは、保育でも、教育でも同じです。

STは医療職の範疇にある職種なので、どうしても「訓練する人」「訓練される人」の関係に陥りがちです。でも、エンパワメントという考え方を取り入れることも大切なことではないかと、私は常々思っています。相手の立場や気持ちにおかまいなく、バリバリ訓練に励む若いSTたちを見るとなおさらそう思います。私たちは、しょせん、できることしかできないのに、と。相手の中に何を残せるのかが大事なのに、と。

日野原重明先生の本『死をどう生きたか』に、

To cure sometimes
To relieve often
To comfort always

ということばが紹介されています。

癒《いや》すことはたまにしかできなくても、
和らげることはしばしばできる。
しかし、病む人の心の支えになることはいつでもできること。

という意味です。

STもこのことばを座右の銘にしたいものです。

スモールステップで、ていねいに評価する

STの仕事には大きくふたつの中身があります。
1　対象者に直接的にかかわる、ことと、
2　環境調整、周囲に働きかける、ということです。
1の対象者への直接的なかかわり方には、個別の指導と集団指導があります。その内容において、STは非常に優れた点を持っています。

子どもの力に合わせた、スモールステップに分けた指導を行って、子どもたちの力を無理なく伸ばしていけるということです。

定型発達の子どもは驚くほどのパワーを持っているので、「発達課題」といわれる発達上の壁を、自分の力であれよあれよと飛び越えて次に進んでいけます。行く手の水たまりも、がけも何のその！

ところが、何らかの発達上の弱さ、つまずき、障害のある子どもだと、小さな水溜りの前で躊躇《ちゅうちょ》し、ちょっとした坂道でもハァハァ息を切らします。定型発達の子どももしか知らない方たちは、こんなふうに立ち止まったりハァハァ言ったりする子を見ると「なぜ、できないの?」「みんなはとっくにやってるのに?」と不審に思い、繰り返し励まして、やらせよう、というかかわりに走りがちです。できない子にとってはつらいことです。

でも、私たちセラピストは、障害のある人たち、障害のある子どもたちだけを対象に見てきています。「できるのがあたりまえ」ではなく、「できる、ということは奇跡みたいなものだ!」という価値観を持っています。発達課題を前に、躊躇したりハァハァしたりすることのほうが私たちにとってはあたりまえのことなので、では、そこを、どうやって越えさせてあげられるか、と発想します。そのために、課題をスモールステップに分け、ひとつずつていねいに構成し、「できたね!」「がんばったらやれたね!」と評価し、たくさんほめてあげることができます。

「やったらできた!」という思いが生まれることによって、「もっとやってみよう」という思い、次につながる意欲が生まれます。脳の仕組みから見ても、「自ら進んで取り組む」ことのほうが、ずっと身につく実力となるのです。

はぐくむ、ということ

STのふたつ目の仕事は「環境調整」、と書きました。

「子どもの発達は、子どもの持つ生得的因子と環境との相互作用の中で起こる」という法則があります。子どもに生まれつき何らかの弱さがある場合には、なおのこと、環境がよりよいものであるように配慮しなければならないという意味です。

子どもはどこかの時点で〝生命のタネ〟をもらい、お母さんのおなかの中で成長して誕生してくるわけですが、その子どもが、無事に大きくなるように〝はぐくむ〟ということが、子育ての本義です。

はぐくむ、ということばの語源は、羽です。鳥の羽でまあるく包み込む。雛《ひな》を包んで、よしよしと守っているうちに、自然と力がつけば、雛は自分から巣立っていってしまいます。はぐくむという仕事は、まあるく包み込んで見守っていく、という仕事です。

訓練的なかかわりも、このゆるやかな〝はぐくむ〟という営みの中に組み込まれているることが大事です。その子が本来持つ力で、自然なやり方で育つのを阻害することがあってはならないと思います。無理な訓練は、一時的に能力を引き上げたように見えても、あとになってから必ず大きな揺り戻しにあいます。お子さんたちの成長に長くつきあうと、そのことが実にくっきりと見えてきます。

はかばかしく変化せず、まるで長い長い踊り場にいるみたいで、ちっとも伸びないように思える時期も、その次の急速な進歩のために必要な助走期間だったということは後になってみないと分からないものです。

子育ての基本のところは、障害があってもなくても同じです。ヒトという動物である以上、共通性があります。前にも書きましたが、ひと言で言うと、「食べさせて」「着せて」「寝かせて」「大きくする」ということです。

障害のある子どもの子育てもこのような「子育て」という基本的なところでは変わりはない。でも、おおざっぱなかかわりではうまく育たないという特徴を持っている。したがって、ひとつずつのことをスモールステップに分けながら、ていねいな配慮を行いながら育てていく必要があるのです。

STは、「スモールステップに分けた」「ていねいな配慮」の部分を具体的に伝えながら、子どものことばやコミュニケーションが育つ環境である家庭での養育、幼稚園・保育園での保育に力を貸すことのできる存在になりたいものだと思っています。

人間の能力は、前半生では、上昇方向に向かうものの、ピークをすぎたら必ず下がります。特に記憶力、物の名前、人の名前を思い出す能力などは、人生の半分を過ぎたら急降下します。私自身も「あれに出ているあの人」「ああ、あの人ね」の連発です。でも「長く生きたおかげで、人の名前が思い出せないという能力が身についた」とも言えます！　生涯発達という見方からすると、これも発達のプロセスなんだ、と思いたいですし、そういうとらえ方をしていくことが必要なのだと思います。

にっこり笑いながら、楽しみながら毎日を過ごしているうちに、自然と能力がつき、ことばが身につき、社会に交わることができるようになる。それが一番大事なことです。

障害があろうとなかろうと、年をとるにつれていろいろな能力が低下して、やがて土に還るのです。人生の最後のほうのあり方は、どんな人にもほぼ共通しています。

能力が伸びることばかりを追い求めているうちに人生が終わってしまうなんて本当に残念なことです。今、ここで通じ合うよろこびを味わいながら生きたいものです。

こんなふうに考えられるようになるために、私には長い修業期間が必要でした。時間だけではなく、その間にお会いした、たくさんのお子さんや親ごさん、先生がたや同僚や友人、地域のお仲間などの存在が、熟成のために不可欠でした。

それにしても、障害を通して、ことばとコミュニケーションを通して人生を見つめることが、こんなにも豊かな実りをもたらしてくれるとは考えてもいませんでした。

今、まだ、障害に接していない方たちが、発達障害という入口を通ってこの豊かな世界に入って来てくださることを期待しています。

この喜びと不思議とに満ちた世界を、助け合う仲間として一緒に歩きましょう。

巻末資料

各章に登場する書名と、URLなどの連絡先をまとめて紹介します。

◆序章で紹介したもの

DVD『潜水服は蝶の夢を見る』角川エンタテインメント

『潜水服は蝶の夢を見る』（ジャン・ドミニック・ボービー著／河野万里子訳）講談社

『失語症者　言語聴覚士になる——ことばを失った人は何を求めているのか』（平澤哲哉著）雲母書房

『ことばの海へ——失語症ケアのはじまりと深まり』（遠藤尚志著）筒井書房

子どもの発達支援を考えるSTの会　http://www.kodomost.com

中川信子ホームページ　そらとも広場　http://www.soratomo.jp

NPO法人　全国失語症友の会連合会　http://www2u.biglobe.ne.jp/~japc/

NPO法人　全国言友会連絡協議会　http://www2m.biglobe.ne.jp/~genyukai/

日本吃音臨床研究会　http://www.bekkoame.ne.jp/i/chioaki/

◆第一章で紹介したもの

『感覚統合Q＆A―子どもの理解と援助のために』（佐藤剛監修／永井洋一・浜田昌義編）協同医書出版社

◆第三章で紹介したもの

『新版 ADHDのび太・ジャイアン症候群―ADHDとのじょうずなつきあい方がわかる』（司馬理英子著）主婦の友社

『育てにくい子にはわけがある―感覚統合が教えてくれたもの』（木村順著）大月書店

『おっちょこちょいにつけるクスリ』（高山恵子・えじそんくらぶ著）ぶどう社

◆第四章で紹介したもの

『新編日本古典文学全集42―神楽歌／催馬楽／梁塵秘抄／閑吟集』（臼田甚五郎・新間進一・外村南都子校注・訳）小学館

『発達障害の早期支援―研究と実践を紡ぐ新しい地域連携』（大神英裕著）ミネルヴァ書房

『言えない気持ちを伝えたい　発達障がいのある人へのコミュニケーションを支援する筆談援助』（筆談援助の会編）エスコアール

『この地球《ほし》にすんでいる僕の仲間たちへ』（東田直樹・東田美紀著）エスコアール

『マカトン法への招待』（松田祥子監修／磯部美也子編著）日本マカトン協会

日本マカトン協会　東京都練馬区東大泉7―12―16　旭出学園教育研究所内

FAX03―3922―9781　http://homepage2.nifty.com/makaton_japan/

『0～4歳わが子の発達に合わせた1日30分間「語りかけ」育児』（サリー・ウォード著／汐見稔幸監修／槙朝子訳／中川信子翻訳協力・指導）小学館

『ママがする自閉症児の家庭療育』（海野健著）自閉症家庭療育の会

自閉症家庭療育の会（ＨＡＣの会）東京都港区南青山２―２―15―１４０２ http://homepage2.nifty.com/hac2001/

◆第六章で紹介したもの

『死をどう生きたか―私の心に残る人びと』（日野原重明著）中公新書

全日本手をつなぐ育成会 http://ikuseikai-japan.jp/index.html

◆発達障害を理解し、支援するための助けになる本

全体像を知るために

『十人十色なカエルの子―特別なやり方が必要な子どもたちの理解のために』（落合みどり著／宮本信也医学解説）東京書籍

『発達障害のある子の理解と支援』（母子衛生研究会・宮本信也監修）母子保健事業団

『発達障害の子どもたち』（杉山登志郎著）講談社現代新書

『発達障害と作業療法〈基本編〉』（岩崎清隆他著）三輪書店

『発達障害と作業療法〈実践編〉』（岩崎清隆・岸本光夫他著）三輪書店

ＡＤＨＤに関連して

『おっちょこちょいにつけるクスリ』（高山恵子・えじそんくらぶ著）ぶどう社

『新版・ＡＤＨＤ のび太・ジャイアン症候群―ＡＤＨＤとのじょうずなつきあい方がわかる』（司馬理英子著）主婦の友社

LDに関連して

『学習障害（LD）―理解とサポートのために』（柘植雅義著）中公新書
『LD教授《パパ》の贈り物―ふつうであるよりも個性的に生きたいあなたへ』（上野一彦著）講談社

自閉症スペクトラムに関連して

『高機能自閉症・アスペルガー症候群入門―正しい理解と対応のために』（内山登紀夫他編）中央法規出版
『高機能自閉症・アスペルガー症候群―「その子らしさ」を生かす子育て』（吉田友子著）中央法規出版
『あなたがあなたであるために　自分らしく生きるためのアスペルガー症候群ガイド』（ローナ・ウィング監修／吉田友子著）中央法規出版

ステキな保育や授業のヒント

『発達障害のある子の困り感に寄り添う支援』（佐藤曉著）学習研究社
『見て分かる困り感に寄り添う支援の実際』（佐藤曉著）学習研究社
『教室でできる特別支援教育のアイデア172　小学校編』（月森久江編）図書文化社
『ADHD及びその周辺の子どもたち　特性に対する対応を考える』（尾崎洋一郎他著）同成社
『学習障害（LD）及びその周辺の子どもたち　特性に対する対応を考える』（尾崎洋一郎他著）同成社
『高機能自閉症・アスペルガー症候群及びその周辺の子どもたち　特性に対する対応を考える』（尾崎洋一郎他著）同成社
『気になる子の保育Q&A―発達障がいの理解とサポート』（田中康雄著）学習研究社

『クラスが変わる―ハッピー・コミュニケーション　学校生活編』（阿部厚仁著）小学館

自閉症の人たちの感覚世界、内面世界を知る

『自閉っ子、こういう風にできてます！』（岩永竜一郎・ニキ・リンコ・藤田寛子著）花風社
『自閉症の僕が跳びはねる理由―会話のできない中学生がつづる内なる心』（東田直樹著）エスコアール
『アスペルガー症候群と感覚敏感性への対処法』（マイルズ他著／荻原拓訳）東京書籍

◆言語聴覚士（ST）、言語障害に関する本

『地域生活を支える言語聴覚士の取り組み』（中川信子編）学苑社
『絵でわかる言語障害　言葉のメカニズムから対応まで』（毛束真知子著）学習研究社
『言語聴覚士まるごとガイド―資格のとり方・しごとのすべて』（日本言語聴覚士協会監修）ミネルヴァ書房
『「いのちの言葉」響かせて　失語症者、構音障害者、家族、会話ボランティア、言語聴覚士が織り成す物語』（林耕司著）
筒井書房
『言語聴覚士のための言語発達障害学』（石田宏代・大石敬子編）医歯薬出版
『ことばとこころの発達と障害』（宇野彰編著）永井書店
『入門新・ことばのない子のことばの指導』（津田望著）学習研究社

◆ことばの遅れが心配なとき

『ことばをはぐくむ―発達に遅れのある子どもたちのために』（中川信子著）ぶどう社

『1，2，3歳ことばの遅い子―ことばを育てる暮らしの中のヒント』（中川信子著）ぶどう社
『うちの子　ことばが遅いのかな…』（言の葉通信編）ぶどう社
『ことばの遅れのすべてがわかる本』（中川信子監修）講談社

◆子どものこころの育ち、障害について

『子どもの精神科』（山登敬之著）筑摩書房
『発達障害の心理臨床　子どもと家族を支える療育支援と心理臨床的援助』（田中千穂子他編）有斐閣
『育てたように子は育つ―相田みつをいのちのことば』（相田みつを・佐々木正美著）小学館文庫
『子どもが変わる―ハッピー・コミュニケーション　家庭内編』（阿部厚仁著）小学館
『子どものこころとことばの育ち』（中川信子著）大月書店

◆主な関連サイト

発達障害情報センター　http://www.rehab.go.jp/ddis/index.html
発達障害教育情報センター　http://icedd.nise.go.jp/
日本発達障害ネットワーク（ＪＤＤネット）　http://jddnet.jp/
日本言語聴覚士協会　http://www.jaslht.gr.jp/

おわりに

今まで、多くの人は、〝障害〟とは、〝普通〟ないし〝健常〟な自分たちとは異質なもの、境界の向こう側にあるものだと考えてきたと思います。そして、できたら自分や自分の家族は〝障害〟を引き受けずにすませたい、とも。

最近取り上げられるようになった「発達障害」は、そういう従来の枠組みを越えて、〝障害〟の要素は、自分も含めて誰の中にでも自然に存在するのだ、ということを教えてくれます。発達障害は実に奥が深く、豊かな広がりの可能性を持つ概念です。

人ごとだった〝障害〟の要素が、実は、自分の中にも存在すると気づくことを手始めに、みんなで「お互いさま！」と声をかけ、手助けの手を差し出しあえば、今まで問題と思われていたことも改善の方向に向かうことができるのです。人と人との新しい絆が、発達障害概念の成熟と広がりから生まれるかもしれないと胸躍ります。

発達障害は〝発達しない障害〟なのではなく、適切な接し方によって、〝障害〟や特性は持ちつつも、実にステキな大人に成長することが可能な状態です。発達障害と向き合うことで、私たち大人や社会が、子育て力、教育力、支援力を深められるのだと思います。

お子さんが発達障害かもしれないと、ひとり思い悩んでいる親ごさんがこの本を手にとり、希望を持って子育てに向き合うきっかけになってほしい、と願っています。

発達障害のお子さんたちの幼児期に多くみられることばの遅れやコミュニケーションの取りづらさを、言語聴覚士（ＳＴ）としてどうとらえ、どういう接し方をしたらいいのか、ということにも触れました。お役立てください。

この本は、多くの方の手助けをうけて生まれました。

『語りかけ育児』『はじめて出会う育児の百科』以来のおつきあいで、こころざしを同じくする小学館の小川美奈子さん、取材に基づくわかりやすい文章で編集協力して下さった安里麻理子さん、理解を助けるイラストの中町眞理子さん、六章に登場してくださった親子のみなさん、子どもＳＴの仲間たち、そして、ご協力いただいた社会福祉法人すずらんの会・児童デイサービス事業「ぱれっと」に深く感謝します。

この本を読んで「STにみてもらいたい！　どこへ行けば会えるのか？」と思われる方は、日本言語聴覚士協会のホームページをご覧ください。言語聴覚士のいる施設を検索できる仕組みがあります。すべての施設を網羅しているわけではありませんが、必要な情報が得られるかもしれません。http://www.jaslht.gr.jp/

それにしても、子どものSTは不足しています。各自治体やメディアに、子どものSTを配置してほしいという当事者からの声をぜひ届けてください。お願いします。

コミュニケーションの不全、心の交流の不足が目立つ今日、ことばやコミュニケーションに〝障害〟という切り口からアプローチする私たちSTは、もっと力量をつけ、認知度を上げて、社会から要請される職種としての役割を果たして行かなければならないと思っています。すぐに目に見える成果を上げることはむずかしいでしょうが、どうぞ、応援をよろしくお願いいたします。

二〇〇九年七月

中川信子

中川信子

なかがわ・のぶこ

1948年東京生まれ。言語聴覚士。「子どもの発達支援を考えるSTの会」代表。東京大学教育学部教育心理学科、国立聴力言語障害センター附属聴能言語専門職員養成所(現・国立障害者リハビリテーションセンター学院言語聴覚学科)卒業。

健診、療育、ことばの相談、特別支援教育等にかかわるほか、執筆講演活動を行っている。著書・監修書に『ことばをはぐくむ』(ぶどう社)、『子どものこころとことばの育ち』(大月書店)、『はじめて出会う育児の百科』『語りかけ育児』(小学館)など多数。

小学館101新書 047

発達障害とことばの相談
子どもの育ちを支える言語聴覚士のアプローチ

二〇〇九年八月八日	初版第一刷発行
二〇二四年四月七日	第六刷発行

著　者　　中川信子
発行者　　石川和男
発行所　　株式会社小学館
　　　　　〒101-8001　東京都千代田区一ツ橋二-三-一
　　　　　電話　編集：〇三-三二三〇-五六五一
　　　　　　　　販売：〇三-五二八一-三五五五
装　幀　　おおうちおさむ
印刷・製本　中央精版印刷株式会社

©Nobuko Nakagawa 2009
Printed in Japan　ISBN 978-4-09-825047-9

造本には十分注意しておりますが、印刷、製本など製造上の不備がございましたら「制作局コールセンター」(フリーダイヤル 0120-336-340)にご連絡ください。
(電話受付は、土・日・祝日を除く 9：30～17：30)

本書の無断での複写(コピー)、上演、放送等の二次利用、翻案等は、著作権法上の例外を除き禁じられています。
本書の電子データ化などの無断複製は著作権法上での例外を除き禁じられています。代行業者等の第三者による本書の電子的複製も認められておりません。

®〈公益社団法人日本複製権センター委託出版物〉
本書の全部または一部を無断で複写(コピー)することは、著作権法上の例外を除いて禁じられています。本書からの複写を希望される場合は、事前に日本複製権センター(JRRC)の許諾を受けてください。
JRRC (http://www.jrrc.or.jp e-mail: jrrc_info@jrrc.or.jp TEL 03-3401-2382)